VATERTÖCHTER · MUTTERTÖCHTER

Ute Karen Seggelke

Vatertöchter · Muttertöchter

Gerstenberg

Für Imke, Birte, Beate, Lynn, Fee, May und Benja

6	VORWORT	
8	SILKE ADOLF	Gewandmeisterin
16	HOLGER ADOLF	Kultur- und Theaterwissenschaftler
22	PAULINE VON BOCK UND POLACH	Studentin
30	ULRICH VON BOCK UND POLACH	Architekt und Maler
36	SUZANNE VON BORSODY	Schauspielerin
44	ROSEMARIE FENDEL	Schauspielerin und Regisseurin
52	LENA FLIESSBACH	Studentin
58	MARLIES FLIESSBACH	Malerin und Textildesignerin
62	FRANZISKA FRINTROP-VOGT	Agraringenieurin
70	MARIA FRINTROP	Bäuerin
76	DOROTHEA ANNA HAGENA	Schauspielerin
84	WIEBKE HAGENA	Sonderschulpädagogin i.R.
90	ANJA KLING	Schauspielerin
98	ULRICH KLING	Studiobetriebsleiter
104	HEIDEMARIE MEIDLEIN	Friseur- und Reikimeisterin
114	THEKLA KRÖKEL	Verwaltungsangestellte
120	MIRJAM MÜNTEFERING	Autorin
128	FRANZ MÜNTEFERING	Politiker
134	NINA PROLL	Schauspielerin
142	DAGMAR GROSS	Geschäftsführerin
148	EDDA RASPÉ	Goldschmiedin
156	JÜRGEN UMLAND	Goldschmied
162	MONICA THEODORESCU	Dressurreiterin
170	GEORGE THEODORESCU	Rechtsanwalt und Ausbilder für Pferde und Reiter
174	JULIA ZENK-PAULUSCH	Fotografin
182	JÜRGEN ZENK	Rechtsanwalt
188	VITAE	

JEDE FRAU IST AUCH TOCHTER. Ich bin die Tochter meiner Mutter, die wiederum ist die Tochter ihrer Mutter, und ich bin die Mutter meiner Töchter, von denen eine inzwischen selbst zwei Töchter hat. Bei der Beschäftigung mit dem Verhältnis Tochter-Mutter und Tochter-Vater ist mir aufgefallen, dass ich mich zunächst, ohne es zu merken, automatisch immer in die Rolle der Tochter versetzte, nie in die der Mutter. Als ich das erkannte, war ich überrrascht, denn schließlich hat mein Tochterdasein schon vor über dreißig Jahren mit dem frühen Tod meiner Mutter – mein Vater ist gleich nach meiner Geburt im Krieg gefallen – geendet, und vor achtunddreißig Jahren kam das erste meiner drei Kinder zur Welt. Erst als ich anfing, ganz bewusst auch den Blickwinkel der Mutter einzunehmen, konnte ich meine persönliche Erfahrung als Mutter ebenfalls in die Vorbereitung des Projektes einfließen lassen. Das führte schließlich dazu, dass ich bei den Interviews mit den Müttern auch nach deren Tochtererfahrung fragte, was unterschiedliche Reaktionen hervorrief. Die Antworten waren stets sehr emotional, manchmal kurz und abweisend, manchmal sehr ausführlich.

Bei meinen eigenen Kindern durfte ich lernen, wie wunderbar wir Menschen angelegt sind und welch eigenständige Persönlichkeit so ein kleines Wesen von Anfang an ist. Und doch ist es so, wie Suzanne von Borsody sagt: »Man bleibt einfach mit der Mutter verbunden, egal, wie oft man die Nabelschnur durchschneidet.« Das Tochterdasein ist fast immer durch ein Elternteil stärker geprägt. Im Laufe der Arbeit an diesem Buch lernte ich, dass sich die Hinwendung zu Mutter oder Vater unabhängig davon zu entwickeln scheint, ob beide Eltern im Alltag anwesend sind. In der frühkindlichen Phase ist ja jedes Kind hauptsächlich mit der Mutter verbunden. Bei Vatertöchtern entsteht die intensive Beziehung zum Vater erst, wenn die Tochter alt genug ist, um Gesprächspartnerin zu werden. In den Interviews wurde deutlich, dass sich pubertierende Töchter unerbittlicher mit der Mutter auseinandersetzen als mit dem Vater, der eher geschont wird oder als Schlichter im Streit zwischen Tochter und Mutter agiert. Im Großen und Ganzen hält der Vater sich heraus. Für die Partnerwahl der Tochter aber ist er, ob beabsichtigt oder unbeabsichtigt, als Vorbild ganz entscheidend, denn er ist der erste Mann in ihrem Leben. Das Selbstverständnis der Tochter als Frau hingegen wird weitgehend von der Mutter geprägt. Diese wird entweder als Vorbild verinnerlicht, oder die Tochter grenzt sich ganz bewusst von ihr ab.

Die Hauptpersonen in diesem Buch sind die Töchter. Sie konnten entscheiden, ob sie zusammen mit der Mutter oder mit dem Vater im Buch erscheinen wollten. Die Interviews führte ich getrennt durch, und die Fragen für die Muttertöchter, die Vatertöchter, die Mütter und die Väter waren jeweils unterschiedlich. Da die Gespräche in sehr offener Atmosphäre stattfanden, befürchtete ich, dass der eine oder andere Text zurückgezogen werden könnte. Aber glücklicherweise geschah das nur einmal. Während es für die Interviews wichtig war, mit jedem einzeln zu sprechen, wollte ich Tochter und Vater oder Tochter und Mutter selbstverständlich zusammen fotografieren, um die Beziehung der beiden zueinander im Bild darzustellen. Dabei war interessant, wie sich Tochter und Mutter oder Tochter und Vater der Kamera stellten. Manchmal wird der im Gespräch entstandene Eindruck durch das fotografische Bild ergänzt oder bestätigt und dadurch verstärkt. Es kommt aber auch vor, dass die Worte etwas anderes erzählen als die Bilder: Ein Lächeln, das die Augen nicht erreicht, obwohl die Worte die Harmonie unterstreichen. Oder umgekehrt: Blicke, die von einer innigen Beziehung sprechen, obwohl die Worte dies gar nicht so erahnen ließen. Die jeweiligen Besonderheiten der beiden Ausdrucksformen sind immer wieder faszinierend, und erst der Zusammenklang des erzählten Wortes und des fotografierten Bildes lässt ein authentisches Gesamtbild der Töchterbeziehungen entstehen.

»Ich lobe sie gerne, wenn sie nicht dabei ist, weil ich doch sehr stolz auf sie bin.«

HOLGER ADOLF

SILKE ADOLF

»Ich habe meinen Vater immer bewundert, aber mein Idealmann wäre er wohl nicht.«

SILKE ADOLF Als Kind wachte ich morgens immer früh auf. Eine Weile ließ ich meine Eltern noch schlafen, aber irgendwann hatte ich keine Geduld mehr. Ich linste ins Elternschlafzimmer, ob jemand wach war. Dann krabbelte ich zu ihnen ins Bett, und es wurde gekabbelt und gebalgt. Ich erinnere mich, dass mein Vater immer sagte: Bitte hör auf! Gleich weinst du. Und so kam es dann meistens auch. Wenn wir Probleme miteinander hatten, habe ich meistens argumentiert und argumentiert, und irgendwann heulte ich. Etwas später kam er dann zu mir und bot mir an, noch einmal in Ruhe über alles reden. Er versuchte, auseinanderzuklamüsern, warum ich geweint hatte oder was passiert war. Das war sehr schön. Unser inniges Verhältnis entstand in der Pubertät, und es gab sogar einen direkten Auslöser dafür. Mein Vater war früher als stellvertretender Intendant sehr oft auf Dienstreisen. Als er einmal zu einem Gastspiel in irgendein asiatisches Land geflogen war, hörte ich im Fernsehen die Nachricht, dass eine Boeing abgestürzt war. Und plötzlich wurde mir klar, dass auch ihm etwas zustoßen könnte. Da hat es klick gemacht, und von dem Moment an war mir bewusst, wie wichtig er für mich ist. Als ich ihn vom Flughafen abholte, habe ich mich zum ersten Mal geschminkt, weil ich schön aussehen wollte, wenn ich ihn begrüße. Ich wollte ihm zeigen, wie sehr ich mich freue, dass er wieder da ist.

Meine Mutter war strenger als mein Vater. Wenn ich etwas angestellt hatte, kam sie manchmal mit blitzenden Augen auf mich zu und hielt mich am Oberarm fest. Mein Vater versuchte, Probleme mit Reden aus der Welt zu schaffen, vieles versuchte er auch, mit Ironie zu klären. Ich habe dadurch den Sinn von Ironie verstanden und kann gut damit umgehen. Für mich als Kind war diese Ironie allerdings vielleicht nicht immer angebracht. Ich war oft wütend und fühlte mich nicht ernst genommen, wenn er versuchte, ein Problem auf die lustige Art aus der Welt zu schaffen. Aber manchmal funktionierte es auch. Mein Vater ist ein Mann mit vielen

Talenten. Er ist Kulturwissenschaftler und hat Philosophie studiert, aber genauso gut kann er einen Nagel in die Wand schlagen. Er hat Sinn für Schönheit und Ästhetik, für Wohnungseinrichtungen; sein Können ist sehr breit gefächert. Das habe ich schon früh wahrgenommen, und daran habe ich auch andere Menschen gemessen. Für mich war es selbstverständlich, dass ein Papa so zu sein hat.

Ich habe lange zu Hause gewohnt, weil sowohl das Verhältnis zu meiner Mutter als auch das zu meinem Vater in Ordnung war. Aber so um 1989 fühlte ich, dass es an der Zeit war, mein eigenes Leben zu haben. Ich bin damals mit einer Freundin zusammen in die Wohnung meines Opas gezogen und machte mein Abitur an der Abendschule – in der DDR musste man einen sehr guten Zensurendurchschnitt haben, um direkt Abitur machen zu dürfen. Ich begann eine Schneiderlehre an der Staatsoper, hatte aber immer den Wunsch, Gewandmeisterin zu werden. Mein Vater hat nie versucht, mich in irgendeine Richtung zu drängen, weder in meiner beruflichen Entwicklung noch bei Menschen. Er gab mir zwar immer zu verstehen, was er von meinen Freunden hielt, sagte aber nie: Den finde ich doof, mit dem darfst du dich nicht mehr treffen. Er wusste wohl, dass das nichts bringen würde. Ich habe mit ihm kaum über Erlebnisse mit Jungs gesprochen, dazu ist es extrem selten gekommen. Komischerweise kann ich mich trotzdem an ein Gespräch erinnern, in dem mein Vater mir die Natur des Mannes erklärte. Da war ich etwa sechsundzwanzig Jahre alt. Ich war schwer verliebt, aber die Liebe hatte keine Zeit, sich zu entwickeln. Es war schön, aber ganz plötzlich wieder vorbei. Ich war schon ein bisschen darüber hinweg, da erklärte mir mein Vater, dass Männer Jäger seien, und dass man sie möglichst lange zappeln lassen müsse. Ich fand es interessant, so etwas von ihm zu hören. Meine Freunde hat er nie kennen gelernt, nur meinen ersten, durch Zufall. Mein Freund hatte mich mit dem Auto von der Schule abgeholt und nach Hause gebracht. Mein Vater kam gerade von der Arbeit, als ich noch am Auto stand, und so

Eine Vatertochter ist eine Tochter, die das innigere Verhältnis zu ihrem Vater hat. So ist das auf jeden Fall bei mir, obwohl ich das nicht immer so gesehen habe. Meine Mutter war absolut gleichwertig, bis ich etwa dreizehn, vierzehn Jahre alt war. Aber jetzt ist mein Vater in meinem Leben die wichtigste Person. Seine Meinung ist mir so wichtig, dass ich in jedem Fall, egal, was ich selbst denke oder wie ich weitermache, zuerst immer ihn frage, was er meint. Ich muss mich nicht unbedingt danach richten, aber es ist mir wichtig, dass er mir sagt, wie er darüber denkt.

SILKE ADOLF

begrüßte er kurz den jungen Mann im Auto. Dieser Freund kam aus Leipzig und sprach einen breiten Dialekt. Ich konnte Vaters Gesichtszüge förmlich entgleisen sehen. Diese Begrüßung hat mich wirklich arg geprägt. Ich glaube, dass es meinen Vater mittlerweile ein bisschen beschäftigt, dass ich schon sehr lange alleine bin. Vielleicht denkt er, dass ich eine Macke habe, aber ich bin ganz glücklich damit, alleine zu leben. Und ich bin sehr wählerisch.

Ganz bestimmt hat mein Vater mein Männerbild geprägt, wahrscheinlich sogar extrem. Ich suche wohl immer noch nach einer Mischung aus meinem Vater und irgendeinem Film-Traumpartner. Es geht mir nicht um Schönheit, sondern um Witz, um Humor. Ich möchte jemanden mit einer sensiblen Art, der meinen Humor versteht und selber humorvoll ist, der aber trotzdem im richtigen Moment erkennt, wenn es mir bei etwas ernst ist. Ich habe meinen Vater immer bewundert, aber mein Idealmann wäre er wohl nicht. Ich habe ein Bild von ihm an der Wand, als er noch jung war. Ich mag das Bild sehr, aber er hat darauf so ein richtiges Machogehabe. Ich bin mir nicht sicher, ob er mir, wenn er mir als junger Mann über den Weg gelaufen wäre, gefallen hätte. Er ist sehr dominant, er kann sehr viel, weiß sehr viel und hat über alles eine Meinung. Und das ist ihm auch sehr bewusst. Als ich klein war, dachte ich, er könne alles. Es gibt dazu eine bezeichnende Geschichte. Ich war damals schon Schneiderin, und mein Vater wollte, dass ich – die Fachfrau – seine Couch beziehe. Er stand neben mir und fragte mich tatsächlich, ob er mir sagen solle, wie das geht. Heute behauptet er, das sei ein Scherz gewesen, aber ich bin davon überzeugt, dass es ernst gemeint war. Er lässt den Menschen, die um ihn herum sind, wenig Raum, etwas besser zu können als er. Auch für mich ist es heute noch schwer, weil er mir Dinge oft als Trotzreaktion auslegt, wenn ich lediglich versuche, mich durchzusetzen. Seitdem ich nicht mehr zu Hause wohne und er in bestimmte Dinge überhaupt keinen Einblick mehr hat, kann er mich

SILKE ADOLF

auch nicht mehr beeinflussen. Ich lebe inzwischen ein ganz eigenständiges Leben. Bestimmte Dinge sieht er durchaus richtig an mir, aber in manchen Bereichen, wo er nach wie vor nur die kleine Silke sieht, habe ich mich auch weiterentwickelt.

Ich habe immer das Gefühl, dass er sich bei bestimmten Dingen bewusst nicht einmischt, damit man sich in dem Bereich unabhängig fühlt. So war es auch bei den Freunden und Freundinnen. Er hat sich nie eingemischt, aber ich wusste trotzdem, was er von ihnen hielt. Ich habe eine langjährige Freundin, die ihm, glaube ich, sehr ähnlich ist in ihren Beziehungen zu anderen Menschen. Alle Leute, die sie kennen lernen, empfinden sie als sehr freundlich, sehr offen, sehr entgegenkommend. Bei meinem Vater ist das genauso. Beim näheren Kennenlernen spüren sie plötzlich eine Grenze, die ich aber immer überspringen konnte. Bei meiner Freundin, weil ich mit ihr schon im Kindergarten gespielt habe, und bei meinem Vater, weil ich ihn schon mein Leben lang kenne, ihn sehr gut kenne und er mich liebt. Er lässt mich näher an sich heran als andere, was ja ein Ausdruck von Liebe ist.

Mein Vater ist ein in sich ruhender Mensch. Er strahlt eine Gelassenheit aus, die jeder sofort wahrnimmt. Viele schätzen die Klarheit seiner Aussagen. Ich denke, er sagt selten etwas, was er hinterher bereut. Sein Charisma ist wirklich erstaunlich. Wenn er Geburtstag hat, kommen alle seine Freunde. Das sind eine ganze Menge, und sie verteilen sich auf unsere drei Zimmer. Einige sitzen permanent am Esstisch, andere woanders. Ich laufe herum und unterhalte mich mal mit diesem und mal mit jenem. Und es ist verblüffend: Sobald mein Vater dazu kommt, reißt er, sicher gar nicht bewusst, sämtliche Gespräche an sich. Er ist derjenige, dem alle zuhören. Man schafft es nicht, sich in einem eigenständigen Gespräch weiter zu unterhalten. Das ist sicher kein böser Wille von ihm, und ich weiß nicht, ob er es selbst überhaupt wahrnimmt. Konkurrenz empfinde ich

überhaupt nicht. Ich bewundere seine Ausstrahlung sehr und bin erwachsen genug, das durchaus alleine stehen zu lassen. Ich habe andere Stärken und bin nicht so wie er. In gewisser Weise ist das ein bisschen schade. Es wäre doch nicht schlecht, wenn einem immer alle Leute zuhörten. Aber ich habe mittlerweile auch als Chefin eine eigene Art entwickelt, was mir Selbstbewusstsein gibt. Obwohl ich immer die Quasselstrippe war, nehme ich mich in seiner Gegenwart zurück. Von ihm übernommen habe ich ganz sicher die ironische Art. Das ist der Versuch, Probleme zu klären, indem man Dinge überspitzt darstellt und Wahrheiten entschärft verpackt. Ich bin nicht konfliktfähig und eindeutig harmoniesüchtig; das liegt ganz sicher an meiner Erziehung. Ich bin nicht in der Lage, wirklich zu streiten, wirklich böse zu sein oder einen Konflikt richtig heftig auszutragen. Egal, ob man das hinterher geregelt kriegt oder nicht, es bleibt immer ein komisches Gefühl zurück. Gerade, wenn ich als Chefin auftreten muss, versuche ich eher in Ruhe, so wie mein Vater das früher mit mir als Kind gemacht hat, ein Gespräch zu suchen und den Leuten klar zu machen, was mich stört. Das mögen viele als angenehm empfinden, mich stört es aber manchmal, weil ich dadurch wenig von meiner Wut, die ich in mir habe, rauslassen kann. Der Einzige, mit dem ich wunderbar streiten kann, ist mein Vater. Er ist eine Ausnahme. Wahrscheinlich habe ich die Sicherheit, dass er mich sowieso liebt und dass das Problem wieder in Ordnung kommt. Ich habe das Vertrauen, dass nichts kaputt gemacht werden kann, selbst wenn die Fetzen fliegen.

Mein Vater und ich sind selten alleine. Meine Mutter ist sowieso immer dabei und meine Oma eigentlich auch, weil sie ein Teil unserer Familie ist. Und er besteht immer darauf, dass alle zusammen sind, wenn ich komme. Für meine kranke Mutter ist das natürlich auch schön. Sie ist sowieso viel alleine, wenn mein Vater arbeiten muss. Insofern sind wir nie nur zu zweit, aber wir nehmen uns doch unsere Zeit. Mein Vater kocht dann immer, und ich setze mich dazu und erzähle, was mich gerade bewegt. Er hört sich alles mehr oder weni-

Der Einzige, mit dem ich wunderbar streiten kann, ist mein Vater. Er ist eine Ausnahme. Wahrscheinlich habe ich die Sicherheit, dass er mich sowieso liebt und dass das Problem wieder in Ordnung kommt.

ger geduldig an. Wenn er sehr zum Zuhören geneigt ist, nutze ich das weidlich aus und rede ohne Unterlass, so lange, bis die Phase vorbei ist. Er ist auch wirklich jemand, der Probleme lösen kann.

Ich hoffe, dass mein Vater mir niemals abhanden kommt. Ich wünschte, meiner Mutter ginge es besser, so dass er ein bisschen unbeschwerter leben könnte. Er will recht früh in Rente gehen. Als die Krebsdiagnose im Raum stand, die sich Gott sei Dank nicht bewahrheitet hat, hat er eine Zeit lang darüber nachgedacht, wie es mit dem restlichen Leben weiter gehen würde. Auf jeden Fall ist schon lange in der Planung, dass er aufhört zu arbeiten und seine Zeit anders nutzt. Das wünsche ich ihm total. Ich habe trotzdem Schwierigkeiten, mir vorzustellen, dass er nicht mehr arbeitet. Er hat selber einmal gesagt, wenn er nicht in der DDR aufgewachsen wäre, wäre er wahrscheinlich Politiker geworden. Ich habe sehr gestaunt, als er diese Aussage machte. Heute ist er dazu zu desillusioniert, er weiß einfach zu viel.

HOLGER ADOLF
Für uns war Silke nie eine Vater- oder Muttertochter. Es war mir völlig egal, ob es ein Junge oder ein Mädchen wird. Meine Frau und ich hatten eine Verabredung: Keiner entscheidet in Bezug auf Silke etwas anderes als der andere. Das heißt, es gab für Silke nie die Chance, den einen gegen den anderen auszuspielen oder zum Vati besonders lieb zu sein, weil dann mehr durchzusetzen wäre. Sie hieß bei uns immer nur »Kind« und wir sagten: Das Kind hat angerufen. Ich sage heute noch, wenn sie am Telefon ist: Hallo Kind, wie geht es dir? Sie war eine ganz Süße, eine, die man richtig mögen muss. Gleichzeitig war sie unheimlich kompliziert. Die schlimmste Strafe, die es für sie gab, war der Mittagsschlaf, da war sie absolut renitent. In der Kinderkrippe, wo sie war, weil wir beide berufstätig waren, und im Kindergarten wurde sie immer quasi ausquartiert, damit sie die anderen beim Schlafen nicht störte. Silke war immer sehr fröhlich, eine ganz Aufgedrehte. Sie gönnte uns nicht, dass wir am Wochenende mittags schliefen. An die Mutter traute sie sich zwar nicht heran, aber dafür an mich. Sie machte mir ein Auge mit zwei Fingern auf und fragte: Vati, kannst du auch nicht schlafen? Sie hat sich auf mich gestürzt, weil bei mir zu erwarten war, dass ich klein beigab und mich mit ihr beschäftigte. Obwohl sie so aufgedreht war, war sie auf der anderen Seite mit allem etwas langsam. Sie war keine Superschülerin, aber ich habe sie auch nie zu Leistungen getrieben, obwohl ich mir manchmal schon gewünscht habe, dass sie ein bisschen besser und schneller wäre. Aber letzten Endes hat sie alles, was sie im ersten Anlauf nicht erreicht hat, aus eigenem Antrieb im zweiten geschafft. In der DDR wurde scharf ausgewählt, wer Abitur machen konnte. Und da zeichnete sich ziemlich zeitig ab, dass sie den Zensurendurchschnitt nicht erreichen würde. Sie hatte auch immer gesagt: Ich will nicht an einem Schreibtisch sitzen, ich will etwas mit meinen Händen machen. Später schaffte sie dann auf dem zweiten Weg, neben der Schneiderlehre, ihr

> Dass Silke ein Vatikind ist, habe ich eigentlich erst festgestellt, als sie wesentlich älter war. Und zwar, als sie anfing, sich über viele Dinge Gedanken zu machen. Ihr Bedürfnis, mit mir zu reden, mit mir zusammen zu sein, war offensichtlich groß.

Abitur und konnte dadurch mehr aus ihrem Beruf machen. Sie begann die Ausbildung zur Gewandmeisterin in Hamburg und hat jetzt eine interessante, ausfüllende Arbeit als Gewandmeisterin am Maxim Gorki Theater. Sie kommt also mit allem etwas später, aber das mit einer ziemlichen Hartnäckigkeit und Akribie.

Dass Silke ein Vatikind ist, habe ich eigentlich erst festgestellt, als sie wesentlich älter war. Und zwar, als sie anfing, sich über viele Dinge Gedanken zu machen. Ihr Bedürfnis, mit mir zu reden, mit mir zusammen zu sein, war offensichtlich groß.

Wir haben sie sehr schnell wie eine Erwachsene behandelt, vielleicht war das ein Erziehungsfehler; ich denke jetzt oft darüber nach. Häufig habe ich mit Ironie reagiert, wenn sie nicht so wollte, wie sie sollte. Und dadurch, dass meine Frau und ich beide eine Arbeit hatten, die viel am Abend stattfand, haben wir Silke zu oft allein gelassen. In der Regel fing das Theater um 19 Uhr oder 19 Uhr 30 an, dann musste Silke ins Bett, und das ging dann alles ein bisschen schnell. Der Zeitraum zwischen Abholen vom Kindergarten oder später von der Schule, und bis meine Frau und ich wieder losgingen, war manchmal etwas kurz. Trotzdem denke ich, dass ich ein guter Vater war, so arrogant will ich sein. Ich habe auf den unterschiedlichsten Ebenen viel Verständnis für Silke gehabt. Und habe mich auch um sie gekümmert, wenn sie sorgenvoll war oder nicht zurechtkam. Was sie allerdings nicht leiden konnte, war, dass ich sie nicht vor den Lehrern verteidigte. Noch heute sagt sie: Du gibst immer den anderen Recht, wenn Streit ist. Ich habe eben immer versucht, ihr die Position der anderen zu erklären.

Streng war ich mit Silke gar nicht, eigentlich wollte ich eher ihr Vertrauter sein, und ich hoffe, dass das auch aufgegangen ist. Ich habe ganz selten über sie bestimmt, sondern immer versucht, so lange mit ihr zu reden, bis

Streng war ich mit Silke gar nicht, eigentlich wollte ich eher ihr Vertrauter sein, und ich hoffe, dass das auch aufgegangen ist. Ich habe ganz selten über sie bestimmt, sondern immer versucht, so lange mit ihr zu reden, bis ich sie überzeugen konnte.

ich sie überzeugen konnte. Da war sie oft widerborstig. Sie wollte sich nicht überzeugen lassen oder nicht zugeben, dass sie überzeugt war. Nach dem Motto: Du willst nur wieder Recht haben, und am Ende hast du Recht. Ich spüre es schon, aber ich will es jetzt nicht zugeben. Ich habe ihr immer die Alternative angeboten: Das ist meine Meinung, aber letztendlich musst du machen, was du willst.

Die Pubertät habe ich bei ihr nicht als schwierig erlebt. Es gab mal so eine Phase, da schwärmte sie für Modern Talking und hörte denselben Titel hundertmal hintereinander. Darüber habe ich gescherzt und war ironisch. Aber eine Phase, wo sie mit Gewalt erwachsen werden wollte und auszubrechen versuchte, hatte sie eigentlich nicht. Auch als sie auszog, war das ganz unproblematisch, und von dem Zeitpunkt an hat sie ganz eigenständig gelebt. Wir haben nicht geklammert, und Silke – das ist eine von ihren wirklich guten Eigenschaften – ist sehr gewissenhaft, was ihre privaten Dinge betrifft. Sie kommt mit großer Regelmäßigkeit am Wochenende zu uns, und dann sind wir zumindest einen Nachmittag zusammen. Auch Weihnachten, also am 24. Dezember, ist sie bei uns, aber nachts will sie zurück in ihre Wohnung. Dann packt sie ihre Geschenke ein und saust davon, selbst, wenn es gerade schön ist, und obwohl es auch unbequem ist, in der Nacht noch Auto zu fahren.

Silkes ersten Freund habe ich durch Zufall kennen gelernt. Über den war ich nicht sehr glücklich. Er war nicht der Typ Freund, den ich mir für sie vorgestellt hatte. Als ich fragte: Sag mal, was macht der denn?, antwortete sie: Darüber reden wir nicht. Die Fragen, die für Erwachsene normal sind, also, was für ein Elternhaus und welchen sozialen Hintergrund jemand hat, fand sie absolut unangebracht. Ich glaube, seitdem wägt sie ab, wenn sie einen neuen Freund hat, ob der ihrem Vater auch zusagen, oder ob dieser ihn mit Ironie und Distanz

behandeln würde. Und da ich das weiß, gebe ich mir große Mühe, mich gerade nicht so zu verhalten. Aber in ihrem Inneren hat sie wohl Angst davor, dass der Knabe nicht mein Typ ist. Und darum habe ich viele ihrer Freunde gar nicht erst kennen gelernt. Silke kann gut alleine sein und fühlt sich dabei auch wohl, aber ich denke, sie hätte doch ganz gerne jemanden um sich, mit dem sie sich unterhalten kann, mit dem sie etwas unternehmen kann. Wenn sie so forsch erklärt, ich brauche keinen Mann, bin ich nicht sicher, ob das stimmt. Aber anscheinend ist der richtige junge Mann noch nicht vorbeigekommen.

Obwohl wir beide mit dem Theater zu tun haben, gehen wir selten gemeinsam dorthin. Aber ich rede gern mit ihr über die Aufführungen. Früher hatte sie nicht dieses Interesse an Kunst. Jetzt merke ich, dass sie ein starkes eigenes Urteilsvermögen hat und dass sie, wenn sie über die Aufführungen, vor allem in ihrem eigenen Theater, redet, ganz eigene Beschreibungen von Inszenierungen benutzt, die nicht aus der Zeitung und nicht aus dem Kollegenkreis stammen. Das macht mir natürlich Spaß, weil es interessant ist, was sie sagt. Sie war immer kreativ mit ihren Händen, sie konnte stundenlang basteln oder Ostereier bemalen. Aber sie hatte kein theoretisches Interesse am Theater. Dadurch, dass sie sich mit den Kostümen auseinander setzt, hat sie ein anderes Verhältnis zur Kunst gekriegt. Ich lobe sie gerne, wenn sie nicht dabei ist, weil ich doch sehr stolz auf sie bin. Was mir hauptsächlich gefällt ist, wie sie ihr Leben organisiert. Sie genießt ihr Leben, und sie mag es auch gerne schön, aber sie hat nicht den Drang, sich in Äußerlichkeiten, Oberflächlichkeiten zu begeben. Ich freue mich darüber, dass sie andere Wertvorstellungen hat. Wir haben zu Hause viel über Politik geredet. Ich war davon überzeugt, dass die Gesellschaft ohne Eigentum an Produktionsmitteln humaner sein kann als eine andere. Aber gleichzeitig hatte ich zu dem, was in unserer Gesellschaft passierte, ein kritisches Verhältnis. Für

> Ich lobe sie gerne, wenn sie nicht dabei ist, weil ich doch sehr stolz auf sie bin. Was mir hauptsächlich gefällt ist, wie sie ihr Leben organisiert. Sie genießt ihr Leben, und sie mag es auch gerne schön, aber sie hat nicht den Drang, sich in Äußerlichkeiten, Oberflächlichkeiten zu begeben. Ich freue mich darüber, dass sie andere Wertvorstellungen hat.

mich war die Zustimmung zu diesem Gesellschaftsmodell nicht eine gläubige Zustimmung zu dem gesamtgesellschaftlichen Prozess. Silke war natürlich bei den Pionieren und auch bei der FDJ. Dann wollte sie in die Partei eintreten, und obwohl ich Parteimitglied war, habe ich gesagt: Pass mal auf, mein Kind, du gehst nicht in die Partei, solange du nicht begriffen hast, was du dort eigentlich willst. Solche Diskussionen hatten wir sehr oft. Auch heute reden wir häufig über Politik. Sie liest ihre Zeitungen und ist an Tagespolitik interessiert, aber mein Wissen in Fragen zur Gesellschaftspolitik und Philosophie nimmt sie ganz gerne in Anspruch. Solche Themen bestimmen einen großen Teil unserer Gespräche. Über private Dinge reden wir weniger. Ich merke ihr an, wenn ihr etwas auf der Seele liegt, aber das macht sie mehr mit sich selbst aus. Ihre große Sorge, was mich betrifft, ist noch sehr jung. Ich habe im letzten Jahr sehr viel mit Krankheiten und Operationen zu tun gehabt, es bestand sogar Verdacht auf Krebs, und da habe ich gemerkt, welche Sorgen sie sich macht. Besonders darum, wie sie mit meiner Frau leben soll, die auch schwer krank ist und Pflege braucht. Davor hat sie, glaube ich, Angst. Wir haben uns beide vorgemacht, dass wir das alles ganz optimistisch sehen und in den Griff kriegen. Aber Silke ist ein Mensch, der Schwierigkeiten mit der Pflege hat. Sie kann kein Blut sehen, keine Spritze geben, und meine Frau kriegt jeden zweiten Tag eine Spritze. Dennoch habe ich sie einbezogen in alles, was zu klären ist, finanziell und so weiter, damit sie Bescheid weiß. Ich habe sie quasi als diejenige betrachtet, die die Familienprobleme in die Hand nehmen muss. Aber in der Konfrontation, in Gesprächen haben wir beide so getan, als würde alles wieder gut. Ich wünsche ihr, dass sie richtig glücklich wird und dass es vielleicht in der Beziehung zu einem interessanten Mann auch so ist, wie in den übrigen Punkten ihres Lebens, dass es etwas später kommt, aber dass sie dann darin auch Erfüllung findet.

HOLGER ADOLF

»Als ich Pauline zum ersten Mal sah, wusste ich: Das ist ein Zauberbaby, aus dem einmal ein wunderhübsches Mädchen wird.«

ULRICH VON BOCK UND POLACH

PAULINE VON BOCK UND POLACH

»Uli ist wirklich ein ganz besonderer Mensch. Ich bewundere ihn sehr und finde ihn einfach toll als Vater, Mann und Künstler.«

PAULINE VON BOCK UND POLACH

Mein Vater hat immer sehr viel gearbeitet, und darum habe ich ihn ziemlich selten gesehen. Aber wenn wir Ferien machten, hatte er viel Zeit. Für mich war das ganz ungewohnt. Mein Vater liebt es, draußen zu sein. Beim ersten Sonnenstrahl setzt er sich in die Sonne und ist dann sehr relaxed. Deshalb sind meine frühen Erinnerungen an ihn immer mit Sonne verbunden. Wir waren oft in unserer Ferienwohnung in St. Peter-Ording. Von dort aus haben wir dann Ausflüge gemacht, zum Beispiel zu Fuß zum Westerhever Leuchtturm, das liebte er. Andere frühe Kindheitserinnerungen sind, wie er mich mit seinem Klavierspiel zum Einschlafen bringt oder bei unseren Kindergeburtstagen Zaubertricks vorführt. Noch heute zeigt er uns manchmal neue Kartentricks.

Meine Eltern haben meinem Bruder und mir schon früh gesagt, dass wir adoptiert sind. Sie haben es uns nie verschwiegen. Als meine Tante schwanger war, fragte ich meine Mutter, ob ich auch in ihrem Bauch gewesen sei. Und schon damals hat sie geantwortet: »Nein, das warst du nicht.« Erst mit sieben oder acht habe ich wirklich begriffen, was das bedeutet. Als wir in die Schule kamen, fragten mich meine Mitschüler: Wieso hat denn dein Bruder schwarze Haare und du blonde? Habt ihr nicht die gleichen Eltern? Bei mir konnte man aufgrund der vorhandenen Ähnlichkeit denken, dass ich ein leibliches Kind bin. Viele sagen, dass ich meinem Vater ähnlich sehe. Aber dadurch, dass Jasper schwarze Haare hat und ich blond bin, konnte ich besser verstehen, was eine Adoption wirklich ist. Ich hatte zuerst große Schwierigkeiten damit, und in Streitsituationen sagte ich oft: Ihr seid nicht meine Eltern, ihr könnt mir nichts verbieten. Manchmal war ich richtig böse. Ob ich meinen Vater damit verletzt habe, weiß ich nicht, aber meine Mutter hat es sehr getroffen. Obwohl ich mittlerweile gut mit der Adoption klarkomme, hatte ich immer schnell das Gefühl und die Angst, nicht genug geliebt zu werden. Wenn meine Eltern sich mehr um Jasper kümmerten, oder wenn sie, weil sie sehr viel eingeladen sind, an

einem Tag, an dem ich mir gewünscht hätte, dass sie da sind, nicht da waren, habe ich mich verlassen gefühlt und mich in meinem Zimmer eingeschlossen.

Die Adoption hat mich schon sehr früh beschäftigt. Ich wollte wissen, warum ich weggegeben wurde. Mit vierzehn bin ich zur Adoptionszentrale gegangen und habe versucht, meine Geschichte herauszufinden. Meine Mutter hat mich dabei unterstützt, während mein Vater sich herausgehalten hat. Ich habe dann erfahren, dass meine leiblichen Eltern schon zwei Kinder hatten und mich wegen finanzieller und anderer Probleme weggegeben haben.

In der Pubertät dachte ich eine Zeit lang, ich sei nicht so wichtig für meinen Vater und ihm sei es egal, was ich mache. Ich hatte immer das Gefühl, dass er mich nicht so richtig ernst nimmt. Die Zeit von vierzehn bis siebzehn war allerdings auch sehr schwer für mich. Ich war sehr mit mir selbst beschäftigt und bin oft ausgeflippt, da konnte man mich eigentlich gar nicht ernst nehmen. In dieser Zeit habe ich mich mit meiner Mutter sehr häufig gestritten. Ich bin da genau wie mein Vater, ich streite sehr laut, sehr intensiv und emotional. Meine Mutter entzieht sich dann eher, und damit konnte ich überhaupt nicht umgehen. Ich fand ihr Verhalten unmöglich, weil ich die Dinge lieber knallhart ausspreche. Ich bin dann hinter ihr hergegangen, und es kam zu einem Riesenstreit. Wir haben danach manchmal länger nicht miteinander geredet. Und da kam dann mein Vater ins Spiel. Er möchte am liebsten, dass zu Hause alles immer ganz harmonisch ist, und wenn er die schlechte Stimmung spürte, hörte er sich die Situation an und löste den Konflikt. Das tut er noch heute. Abgesehen davon hat er sich eigentlich aus allem herausgehalten und auch meine schulischen Erfolge oder Niederlagen nicht wirklich verfolgt. Das tat eher meine Mutter. Meine Freunde hatten immer großen Respekt vor meinem Vater, weil er ihnen gegenüber oft und gern eine eher ungemütliche Atmosphäre verbreitete. Ich

Obwohl beide Elternteile wichtig für mich sind, bin ich eine Vatertochter, weil ich mit meinem Vater die meisten Gemeinsamkeiten habe. Aber ganz klar fühle ich mich auch mit meiner Mutter sehr eng verbunden.

genierte mich wegen seiner Unfreundlichkeit und sorgte deshalb dafür, dass meine Freunde gerade gingen oder schon gegangen waren, wenn er nach Hause kam.

Den schrecklichsten Streit mit meinem Vater werde ich nie vergessen. Ich war achtzehn, und wir waren in Thailand. Ich habe mich wahnsinnig über meinen Vater aufgeregt, weil er zuerst etwas unternehmen wollte, was er dann doch nicht wollte. Es wird aber immer gemacht, was er möchte. Er hat auch wirklich gute Ideen, aber man sollte am besten gar nicht mit ihm diskutieren. Damals bin ich sauer geworden und wollte dagegen halten. Darüber hat er sich fürchterlich aufgeregt, und dann ist die Situation eskaliert. Wir haben uns angeschrien und uns schlimme Dinge an den Kopf geworfen. Ich bin dann so, dass ich mich einschließe, die Tür gar nicht mehr aufmache und nichts esse. Vielleicht ist das so eine Art Protest, damit meine Eltern kommen und sich Sorgen machen. Und ich weiß, dass mein Vater leidet, wenn er Sachen sagt, die er eigentlich gar nicht so meint. Schließlich haben wir uns einander mit Humor und Scherzen wieder angenähert. Mein Vater vergisst sehr schnell. Ich sage dann gern noch mal: Tut mir leid, was ich da gesagt habe.

Am Anfang fand es mein Vater gar nicht witzig, wenn ich zu Hause männlichen Besuch bekam. Aber je älter ich wurde, desto besser ist es mit seiner Eifersucht geworden. Trotzdem haben es meine Partner nicht leicht, weil ich sie immer an meinem Vater messe. Uli ist wirklich ein ganz besonderer Mensch, ich finde ihn einfach toll, seinen Charakter und seinen Lebensstil. Freunde oder Freundinnen, denen ich meinen Vater vorstelle, finden ihn cool, und das schmeichelt mir. Die Väter meiner Freunde finde ich eigentlich nicht cool. Vielleicht finde ich sie nett, vielleicht lieb, oder ich finde sie spießig, trocken oder unscheinbar. Mein Vater hat viel mit jungen Leuten zu tun, und er genießt es, mit ihnen zusammen zu sein. Bei Geburtstagen setzt er sich gerne zu uns Jüngeren.

Der schrecklichste Moment war, als er im Krankenhaus lag und die Hüftoperation hatte. Es war wirklich eine große Operation. Als ich ihn besuchte, lag er total hilflos da, so wie ich ihn noch nie gesehen hatte. Da habe ich angefangen zu weinen, obwohl mit der Operation alles gut gelaufen war. Ich würde alles stehen und liegen lassen, falls wirklich einmal etwas mit ihm ist.

Als wir aus dem Haus gingen, waren meine Eltern richtig erleichtert, so dass ich dachte, ein bisschen traurig könnten sie doch eigentlich sein. Heute weiß ich, wie wichtig ich meinem Vater bin. Seit meinem Abitur und seitdem ich meinen eigenen Weg in England gehe, sieht er mich als junge selbstständige Frau. Er ist jetzt öfter für mich da, und ich kriege viel mehr von ihm mit, weil er mir gegenüber auch offener geworden ist. Ich genieße das, weil ich merke, wie viel Aufmerksamkeit er mir schenkt, wie toll er das findet, was ich mache und wie stolz er auf mich ist. Ich spüre, dass mein Vater sich wahnsinnig freut, wenn ich in den Semesterferien wieder nach Hause komme. Ich habe meinen Vater nie weinen sehen, er ist eigentlich sehr tough und zeigt selten Emotionen. Doch als ich im März, nachdem ich längere Zeit zu Hause verbracht hatte, für drei Monate nach Paris ging, standen ihm wirklich Tränen in den Augen. Das hat mich sehr überrascht.

Zu meiner leiblichen Mutter hatte ich Briefkontakt, und ich habe sie auch getroffen. Ich wollte sie kennen lernen und meine Ursprungsgeschichte hören, um mit mir selbst besser in Einklang zu kommen. Dieses Treffen war sehr wichtig für mich, ich konnte nach Bausteinen meiner eigenen Identität suchen und Ähnlichkeiten entdecken. Ich weiß jetzt, woher ich komme und weiß viel mehr zu schätzen, was meine Eltern für mich getan haben und wie gut es mir geht. Es ist doch sehr spannend, wie viel Erziehung ausmacht. Ich passe vollkommen zu meinen Eltern und habe erkannt, was für ein Glück ich mit ihnen habe. Jetzt würde ich nie mehr sagen: Ihr seid nicht meine Eltern, und ich merke, wie lieb mich meine Eltern haben. Ich freue mich, wenn ich es ihnen recht mache, wenn sie gut finden, was ich mache und stolz auf mich sein können. Ich bin heute so glücklich wie noch nie. Ich fühle mich wirklich als ihre Tochter, und ich habe auch viele Ähnlichkeiten mit meinem Vater. Ich bewundere meinen Vater sehr und finde ihn einfach toll als Mann, Vater und Künstler. Er hat sehr viele Talente, und für andere ist es schwer, da mitzuhalten. Zum Beispiel spielt er Geige, Klavier und Akkordeon.

PAULINE VON BOCK UND POLACH   27

Er könnte aber auch jedes andere Instrument spielen, egal ob in Gruppen oder alleine, ob nach Noten oder ohne. Er kann sich musikalisch flexibel auf jede Situation einstellen und ganze Abende füllen. Für gemeinsame Abendessen kocht er gerne und gut und kreiert dabei kleine Kunstwerke. Das beeindruckt mich, und ich würde das auch gerne so gut können.

Obwohl er schon fast sechzig ist, ist er fit und macht Sport. Er ist lebhaft und hat eine tolle warmherzige Ausstrahlung. Es macht Spaß, mit ihm wegzugehen. Ich genieße das richtig. Er ist ein sehr Freiheit liebender Mensch. Er hat bestimmte Vorstellungen, wie etwas sein muss, und zieht es dann auch so durch. Ich bewundere, wie er das alles hinkriegt. Was er freiwillig macht, macht er mit Freude. Er ist irgendwie ein Exot, ein lockerer Typ, überhaupt nicht spießig. Ich mag auch seinen lässigen, meist schwarzen Kleiderstil und seine langen lockigen Haare. Es passt einfach alles.

Im Nachhinein habe ich auch verstanden, warum er früher nicht so viel Zeit für mich hatte. Er ist beruflich sehr eingespannt. Er hat seinen Job in der Baubehörde, er unterrichtet an der Fachhochschule, hat die Aquarellwerkstatt in seinem Atelier, und er malt selbst sehr schöne Bilder für Ausstellungen. Bei seinen Studenten ist er sehr beliebt.

Wir haben auch viele Gemeinsamkeiten, zum Beispiel unser Interesse für Kunst, für das Kreative. Er zeigt mir seine Bilder und fragt mich nach meiner Meinung. Bei meinen Arbeiten fürs Studium hole ich mir Hilfe von ihm. Ich habe oft in seinem Atelier gemalt, von ihm wertvolle Tipps bekommen. Meinen Perfektionsanspruch habe ich eindeutig von ihm. Er ist ein Perfektionist, und das bin ich auch. Was ich mache, versuche ich gut zu machen. Beide sind wir Sonnenmenschen. Gemeinsam haben wir auch, dass wir sehr auf unser Äußeres bedacht sind. Eine gepflegte Erscheinung ist uns sehr wichtig. Wir gehen beide ins Fitness-Center, und

PAULINE VON BOCK UND POLACH

es tut uns sehr gut, uns einmal am Tag auszupowern. Ich kann gar nicht ohne Sport sein. Wir gehen locker miteinander um und sagen, was wir denken. Wir veräppeln uns auch ständig, auf nette Art und Weise, und lachen viel zusammen. Mein Vater ist sehr herzlich. Wir umarmen uns oft, knuddeln und gehen Arm in Arm. Manchmal sitze ich auch gern noch auf seinem Schoß. Ich habe so Phasen, da möchte ich wieder Kind sein. Und das darf ich bei ihm dann auch. Wenn wir in St. Peter sind, liegen wir oft einfach in der Sonne oder fahren Fahrrad. Sonntags abends essen wir immer alle zusammen, und wenn meine Mutter ins Bett geht, bleibe ich meistens mit meinem Vater noch vorm Fernseher sitzen. Wir gucken gemeinsam einen Film und unterhalten uns. Wenn ich in die Stadt fahre, besuche ich ihn spontan im Büro. Dann nimmt er sich Zeit, und wir gehen Kaffee trinken. Alles sehr locker. Wenn wir uns nur so verabredet haben, sitzen wir oft da, und er beobachtet die Leute. Das liebt er. Mittlerweile habe ich mich daran gewöhnt und tue das auch sehr gerne. Einfach dasitzen und den Moment genießen.

Mein Vater und ich begegnen uns heute viel erwachsener, weil er mich nun wirklich ernst nimmt. Ich bin reifer geworden und habe mich verändert. Ich flippe nicht mehr so aus wie früher und kann mich viel eher entschuldigen. Ich bin sicher, dass auch er sich verändert hat. Wenn ich ein richtiges Problem habe oder eine wichtige Frage, dann hört er zu. Er konzentriert sich voll darauf, beschäftigt sich damit und findet eigentlich immer eine Lösung. Wenn es schwierig wird, kann er mir sehr gut helfen. Und die Angst, dass er mich nicht lieb hat, hat er mir genommen. Er zeigt mehr Emotionen, und wenn ihn Sachen beschäftigen oder traurig machen, merke ich das. Und wenn ich ihn darauf anspreche, teilt er es mir offen mit, und wir unterhalten uns darüber. So gut wie jetzt war unsere Beziehung noch nie.

Er zeigt mir seine Bilder und fragt mich nach meiner Meinung. Bei meinen Arbeiten fürs Studium hole ich mir Hilfe von ihm. Ich habe oft in seinem Atelier gemalt, von ihm wertvolle Tipps bekommen.

ULRICH VON BOCK UND POLACH

Ich erinnere mich noch genau an die Situation, als wir Pauline zu uns holten. Es war Weihnachten, und es lag tiefer Schnee. Wir waren sehr gespannt und aufgeregt. In einer Tragetasche holten wir dieses Bündel von fünf Wochen ab, das von da an unsere Tochter war. Als ich sie sah, war ich hingerissen. Ich glaube, die Zuneigung begann schon vom ersten Augenblick an. Pauline hatte ein großes Feuermal auf der Wange, was mich, der ich normalerweise auf solche Dinge sehr achte, überhaupt nicht störte. Ich sah nur ihre wunderschönen Augen und war fasziniert von ihrem Gesicht. Da wusste ich: Das ist ein Zauberbaby, aus dem einmal ein wunderhübsches Mädchen wird. Ich glaube, wir haben nicht nur Glück gehabt, dass Pauline zu uns kam, sondern es geschah, weil es so sein sollte.

Alles, was ich in dieses Mädchen projiziert hatte, als ich sie das erste Mal sah, hat sich erfüllt. So zauberhaft wie sie aussah, hat sie sich auch in ihrem Wesen entwickelt. Pauline war überhaupt kein kompliziertes Kind. Sie hatte so eine gewisse spitzbübische Art, die Nase hoch zu nehmen. Ich sehe sie noch vor mir mit ihren goldenen Locken. Aber sehr früh machte sie uns auch deutlich, dass sie ihren eigenen Kopf hat und dass sie, wo sie sich durchsetzen will, auch durchsetzen kann. Paulines Entwicklung war phänomenal. Sie war sehr gut in der Schule und fing schon als Kind an zu zeichnen, besonders auf unseren vielen Reisen. Schon da hat sie mit offenen Augen alles erkannt und festgehalten. Ich war glücklich, weil ich sah, dass sie die Dinge erstaunlich gut umsetzen konnte. Und mit Genugtuung habe ich beobachtet, wie sie außerdem zu einer schönen jungen Frau heranwuchs. In der schwierigen Zeit der Pubertät gab es eher Konfrontationen mit ihrer Mutter Beate. Mit mir weniger. Nur manchmal, wenn ich ihr verbieten wollte, sich so mies zu ihrer Mutter zu verhalten, bin ich emotional und auch mal laut geworden. Da wir uns sehr ähnlich sind – sie ist auch fürchterlich emotional – eskalierte die

Situation, und wir rasselten aneinander. Allerdings ging es nie gegen mich persönlich. Ich glaube, das liegt an unserer besonderen Beziehung.

Ich wollte nie eine Respektsperson für die Kinder sein. Autoritäres Verhalten ist mir fremd. Deshalb habe ich zu Pauline und ihrem zwei Jahre älteren Bruder Jasper ganz bewusst ein kameradschaftliches, freundschaftliches Verhältnis aufgebaut. Gerade weil unsere Kinder adoptiert sind, fühlte ich umso mehr die Verpflichtung, besonders vorsichtig, hilfsbereit, freundlich und fröhlich zu sein. Ich behielt immer die Möglichkeiten im Sinn, irgendwann zu entdecken: Ach Gott, es ist wohl doch nicht so, wie du es dir erhofft hast. Aber dieses Gefühl, es ist nicht das eigene Kind, es ist irgendetwas Fremdes an ihm, hat sich nie eingestellt. Wir haben Pauline von Anfang an gesagt, dass sie adoptiert ist. Und wir haben es ihr durch kleine Ereignisse gezeigt. Zum Beispiel haben wir zwei Geburtstage gefeiert. Den Tag, an dem sie zu uns gekommen ist und den, an dem sie geboren wurde. Damit wollten wir ihr einerseits ihre Rolle besonders nahe bringen, so dass sie gewissermaßen stolz darauf sein konnte, zum anderen wollten wir sie damit wappnen gegen Fragen oder Sprüche bezüglich der Adoption. Doch bei Pauline kamen selten Fragen, weil sie auch äußerlich gut zu uns passt.

Die Identifikation mit mir hat wohl sehr früh begonnen und ist immer sehr stark gewesen. Manchmal hatte ich Angst, dass sich das, was ich mir für sie vorgestellt habe, nicht verwirklicht. Aber meine Projektionen haben sich immer erfüllt, obwohl ich nie darauf hingearbeitet oder Druck ausgeübt habe. Pauline hat einfach in jeder Phase das getan, was ich mir vorgestellt hatte. Dadurch habe ich eine sehr positive Einstellung zu ihr. Ich konnte eine starke liebevolle Zuneigung zu ihr entwickeln und kann ihr deshalb auch kleine Ungerechtigkeiten verzeihen.

ULRICH VON BOCK UND POLACH 31

Pauline und ich können unheimlich gut miteinander gar nichts tun. Ein bisschen herumlaufen, in die Ferien fahren, das Wochenende genießen, irgendwo schön essen gehen, Fahrrad fahren. Wir können aber auch gut zusammen im Atelier arbeiten.

Über schwierige Themen habe ich mit Pauline nie diskutiert. Das überlasse ich Beate. Pauline und ich haben andere Schwerpunkte, die wichtig sind. Ich konnte ihr Interesse an der Malerei wecken und berate und unterstütze sie bei ihren kreativen Arbeiten. Ich möchte sie gern noch ein bisschen beobachten und an der Hand halten, obwohl ich es andererseits toll finde, dass sie sich loslöst. Nach dem Abitur hat sie ein Jahr gejobbt und gemodelt und dann hat sie ihr Studium in England angefangen. Ihr Weggang von zu Hause machte mich am Anfang traurig, aber nicht sehr lange, denn wenn die Kinder endlich das Haus verlassen, braucht und genießt man diese Situation irgendwie auch. Wenn Pauline nach den Semesterferien wieder fortgeht, ist das immer ganz traurig, weil sie dann selbst so betrübt reagiert. Ich glaube, sie hängt sehr stark an ihrem Zuhause und würde am liebsten alles von dort aus erledigen. Die häusliche Situation zu erhalten, ist ihr wahnsinnig wichtig. Sie liebt unser Haus, das weiß ich. Es dauert immer ein paar Tage, dann kommen die ersten Telefongespräche, und dann ist die Trennung und Entfernung akzeptiert. Wir hängen eben wahnsinnig aneinander. Aber ich denke, solche Etappen sind ganz wichtig in ihrem Leben. Ich kann mir noch nicht vorstellen, dass sie so ganz ihr eigenes Leben lebt, aber natürlich wird sie eines Tages ihr eigenes Zuhause haben, das wünsche ich mir, und es ist ja auch spannend, wie sie es gestaltet.

Auf Paulines ersten langjährigen Freund Moritz war ich nicht eifersüchtig, aber es fiel mir auch nicht leicht, die neue Situation zu akzeptieren. Am Anfang der Beziehung nervte es mich, wenn ich sein Fahrrad täglich vor unserer Haustür stehen sah, wenn ich nach Hause kam. Ich hätte dann gerne nur meine Familie um mich gehabt. In unserem Haus gibt es keine Türen, es ist alles offen und man ist mit allen zusammen. Und wenn dann einer, der noch nicht ganz dazu gehörte, da war, störte es mich. Manchmal bin ich sogar umgedreht und

gar nicht ins Haus gegangen. Aber da Moritz so ein wahnsinnig netter Kerl war, ein Supertyp, wie man ihn sich eigentlich nur wünschen kann, ging diese Phase schnell vorbei. Irgendwann haben sie dann sicherlich das erste Mal miteinander geschlafen, doch das war für mich kein Grund, extrem unvernünftig zu reagieren. Einen großen Teil meiner Bereitschaft, die beiden zu unterstützen und nicht falsch zu reagieren, verdanke ich meiner Frau Beate, die auf ihre Art und Weise meine kleinen Aussetzer diplomatisch meisterte.

Mir ist nicht bewusst, dass ich der erste Mann im Leben meiner Tochter bin. Wenn ich an die Freude denke, mit der wir zusammen sind, kann ich mir vorstellen, dass ich in ihrer Bewertung ganz gut ausgefallen bin. Und dass sie wahrscheinlich andere Männer auch an mir misst. Aber ich kann mir nicht vorstellen, dass bei jeder Begutachtung eines neuen Freundes das Vaterbild vor ihren Augen steht.

Pauline und ich können unheimlich gut miteinander gar nichts tun. Ein bisschen herumlaufen, in die Ferien fahren, das Wochenende genießen, irgendwo schön essen gehen, Fahrrad fahren. Wir können aber auch gut zusammen im Atelier arbeiten. Sie hat ihre Mappen fürs Studium in meinem Atelier vorbereitet. Sie hat viel von meinen Bildern übernommen, hat sie aber auf ihre eigene Art ausgewertet. Sie kopiert nicht einfach, sondern sie sieht etwas, findet es gut, setzt es um und macht eigene Sachen daraus. Das gefällt mir sehr. Sie wollte nie, dass ich an ihre Arbeiten gehe und etwas verändere. Aber sie sieht natürlich, was ich mache, und das beeinflusst sie sicher.

Ich glaube, Pauline würde schrecklich leiden, wenn es mir nicht gut geht. Sie hat mich bei meiner Hüftoperation gesehen. Ich war aufgrund der eingetretenen Schwierigkeiten sehr mit mir selbst beschäftigt, so dass ich ihre Reaktion nicht wahrgenommen habe. Sie hat ständig Angst um mich. Möglicherweise hängt das

ULRICH VON BOCK UND POLACH 33

Ich wollte nie eine Respektsperson für die Kinder sein. Autoritäres Verhalten ist mir fremd. Deshalb habe ich zu Pauline und ihrem zwei Jahre älteren Bruder Jasper ganz bewusst ein kameradschaftliches, freundschaftliches Verhältnis aufgebaut.

irgendwie mit der Adoption und der Verlustangst zusammen. Vielleicht resultiert es aber auch einfach aus unserer starken Bindung und der tiefen Zuneigung, die wir füreinander haben. Mir würde es doch genauso gehen, wenn ich Angst hätte, sie zu verlieren. Über das Thema Adoption denke ich oft intensiv nach. Ich habe von Anfang an gewusst, dass das, was passiert ist und wie es passiert, kein Zufall war. Es war ganz einfach Vorsehung. So sollte es sein, und so musste es sein. Es war aber immer Bestandteil einer großen Herausforderung, sich noch mehr als vielleicht bei eigenen Kindern zu disziplinieren und immer in dem Moment, wo man so reagiert, wie man es eigentlich gar nicht möchte, inne zu halten und zu sagen: Halt, stopp! Das sind nicht deine eigenen Kinder, das sind deine adoptierten Kinder. Du musst umso vernünftiger reagieren und für sie alles noch viel schöner und leichter machen.

Irgendwann kommt der Tag, wo man das Gefühl hat, jetzt kannst du nichts mehr tun. Sie ist auf ihrem Weg, und es ist ein guter Weg. Ich wünsche mir, dass Pauline so weit mit ihrer Ausbildung kommt, dass sie eines Tages eine klare Aussage treffen kann, wofür sie geeignet ist, wo es hingehen soll. Es gibt ja viele Möglichkeiten. Und dass sie sich selber so gut beurteilt, um genau zu wissen, was sie kann und was sie nicht kann. Ich wünsche mir auch, dass unsere wunderbare Beziehung weiterhin von Bestand ist, das ist mir ganz wichtig, dieses Gerne-nach-Hause-Kommen und weiterhin Interesse an ihren Eltern haben. Ich wünsche mir, dass sie die richtige Hand bei der Wahl ihres Partners hat und dass sie jemanden findet, der sie, dieses sehr spezielle Wesen, gut begleitet.

Manchmal frage ich mich: Warum ist sie eine Vatertochter und keine Muttertochter, deine Pauline? Aber es ist eben so wie es ist.

ULRICH VON BOCK UND POLACH

»Was uns drei Frauen zu eigen war und zweien noch ist,
ist der Hang zum Übersinnlichen und die Gleichheit der Stimmen.«

ROSEMARIE FENDEL

SUZANNE VON BORSODY

»Ich fühlte mich immer sehr gut behütet, gleich von zwei ›Weibern‹: der Omama und der Mami. Wenn ich es aus meiner heutigen Sicht betrachte, war das schon etwas Gutes, Liebevolles.«

SUZANNE VON BORSODY

Wenn ich an meine Kindheit mit meiner Mutter denke, taucht sofort ein immer wiederkehrendes Bild vor mir auf: Mami und der Viertelstundenschlaf. Sie hatte die Fähigkeit, immer und überall für kurze Zeit zu schlafen, egal, ob im Flugzeug, in der Bahn, auf einer Bank im Park oder im Sessel einer Hotelhalle. Damals fand ich das sehr komisch, aber seitdem ich im selben Beruf arbeite, ist mir natürlich klar, wie anstrengend er sein kann und wie erschöpft sie gewesen sein muss. Meine Mutter hatte obendrein noch diesen außerordentlichen Spagat zwischen mir und meiner Großmutter zu bewältigen, war Tochter und Mutter zugleich. Allem wollte sie gerecht werden. Die Ehe war geschieden, sie musste Geld verdienen, spielte Theater, machte Funk und Synchron, aber alles so, dass ihr immer noch Zeit für uns blieb; sie war nie lange weg. Die Mami hatte ihre Mutter, meine Großmutter, ins Haus geholt, als ich zur Welt kam. Sie hat mich quasi großgezogen. Ich hatte eine wunderbare Kindheit. In unserem Haus gingen viele interessante Menschen ein und aus, aber mir war als Kind natürlich nicht bewusst, dass das so besonders war. Auf dem Gymnasium war ich unglücklich, obwohl die Mami mit mir Lateinvokabeln büffelte. Sie hatte extra einen tollen Zettelkasten dafür erfunden, der hatte drei Kästchen: »Gut«, »befriedigend« und »nochmal« stand da drauf. Trotzdem bekam ich in der Schule Schwitzhände und wusste nix mehr. Deutsch war auch so eine Sache. Die Lehrerin hatte keinen Sinn für meine Art von »Poesie« und meine unorthodoxen Schreibweisen.

In den Sommerferien, vor der Versetzung in die 6. Klasse, fuhren wir an die Nordsee, und da musste ich dann Latein büffeln und jeden Tag einen Aufsatz schreiben, was mir überhaupt nicht gefiel – bis mir dann klar wurde, dass das ja auch Mamis Ferien waren. In der deutschen Schule klappte es trotz aller Anstrengung nicht, und da gab sie mich kurz entschlossen auf die Intenational School, von der ihr Freunde viel Gutes berichtet hatten. Sie wollte nicht, dass ihr Kind mit Herzklopfen und Schwitzhänden in die Schule geht. Die

neue Schule war sehr teuer, und meine Mutter musste sich noch ein bisschen mehr ins Zeug legen, um sie zu bezahlen, aber für mich war diese Schule einfach toll. Ein ganz anderes System: Man bleibt nicht sitzen und muss keine Klasse wiederholen, man fällt nur in dem Fach durch, in dem man schlecht ist. Dadurch bleibt man innerhalb seines Sozialgefüges. Es gab auch keine Angeber im Sinne von: Hey, my mom is a moviestar and my dad an ambassador. Es war eben eine internationale Schule, da spielte es absolut keine Rolle, wer oder was die Eltern waren. Ein Sohn von Liz Taylor zum Beispiel war ein paar Klassen über mir.

Mamis Ermahnungen waren wohl so, wie in allen anderen Familien auch: Zieh dir etwas anderes an, lauf nicht so schlampig herum, räum dein Zimmer auf und so weiter. Darüber war ich natürlich sauer, besonders in der Pubertät. Außerdem wurde sie ja auch sauer, wenn sie sich fast die gleichen Ermahnungen von ihrer eigenen Mutter anhören musste und nicht darauf hören wollte. Aber sie hatte immer eine Erklärung, warum sie das gerne so hätte. Man musste nicht immer mit ihr einer Meinung sein. Ihre Kritik war begründet und konstruktiv. Das habe ich von ihr gelernt, und ich versuche, auch so zu sein. Kritisieren nur um des Kritisierens willen ist destruktiv, damit kann keiner etwas anfangen. Schon als Kind war ich viel im Theater, und wenn ich dann später als Teenager mal die Klappe aufgemacht und gesagt habe, was mir nicht gefallen hatte, fragte sie sofort: »Halt! Warum nicht?« Und ließ nicht locker.

Die Ablösephase war sicherlich mit dem dazugehörenden etwas rüden Ton verbunden. Ich kann mich noch an einen Streit erinnern: Ich wollte mit Freunden ins Kino gehen. Der Film lief sehr spät, zu spät fand die Mami – ich sei noch viel zu jung. Das fand ich nicht! Schließlich sagte sie: »Ach, mach' doch was du willst, das machst du ja sowieso.« Das war ein Satz, den ich hasste, und darum ging ich wutschnaubend ins Kino, in dem ich natürlich dann mit schlechtem Gewissen saß. Der Film lief schon etwa zehn Minuten, bis ich auf einmal

Ich bin ein Mamakind, geprägt
durch diesen Drei-Weiber-Haushalt:
Großmutter, Mutter, Tochter.

merkte, dass die Hauptdarstellerin von meiner Mutter synchronisiert worden war. Das ist doch mal wieder typisch, dachte ich schon wieder wütend, nicht mal im Kino lässt sie mich in Ruhe! Das also zum Thema Abnabelung. Ich musste dann allerdings trotzdem furchtbar lachen – man bleibt einfach mit der Mutter verbunden, egal, wie oft man die Nabelschnur durchschneidet.

Als ich zwanzig war, wollte ich mit meinem Freund in eine eigene Wohnung ziehen. Die Suche danach erwies sich als sehr schwierig. Meine Großmutter war inzwischen bei uns ausgezogen und hatte eine eigene Wohnung. Die überließ sie dann mir und zog wieder zurück zu meiner Mutter. Ich glaube, die Mami war eigentlich ganz froh darüber gewesen, dass meine Großmutter nicht mehr bei uns wohnte. Im Zusammenleben mit ihr blieb sie ja auch ewig Kind, sie wollte endlich ihr eigenes Leben führen. Aber sie fand sich damit ab. Die Omama zog wieder zur Mami zurück, und ich hatte eine eigene Wohnung und war glücklich. Eine gesunde Portion Egoismus gehört halt zum Leben, oder?

Im Laufe der Jahre haben wir im Beruf viele gemeinsame Erfahrungen gemacht. Mit neunzehn spielte ich meine erste Fernsehrolle: eine Schwangere, die ihr Kind schon im Bauch zur Adoption freigeben muss. Man hatte mir einen dicken Plastikbauch vorgeschnallt, und ich rief meine Mutter an und sagte: »Das ist vielleicht ein verlogener Beruf.« Aber sie sagte: »Du spielst die Schwangere doch nur, dafür musst du doch nicht wirklich schwanger werden!« Als es dann im Film soweit war, dass man mir das Kind wegnehmen sollte, wusste ich wieder nicht weiter und holte mir Rat bei ihr: »Wie soll ich denn das bloß spielen, ich weiß doch gar nicht, was man dabei fühlt, wenn einem ein Kind weggenommen wird, ich hab' doch noch keins.« Sie sagte: »Stell dir einfach vor, man nimmt dir etwas weg, das du sehr, sehr lieb hast. Das Hummele zum Beispiel.« Das Hummele war unsere Katze, und ich liebte sie sehr. Ich machte es so, wie sie gesagt hatte, und es war gut. Ich war nie auf

Wir lachen über die gleichen Dinge, wir haben die gleiche Art von Humor. Beim Witze-Erzählen können wir einen regelrechten Marathon veranstalten.

40   SUZANNE VON BORSODY

einer Schauspielschule, die Mami war meine Lehrerin. Von ihr habe ich nicht nur gelernt, wie man mit Gefühlen umgeht, die man noch nicht kennt, sondern sie hat mir auch das Handwerk beigebracht. So Sätze wie: »Du musst immer meinen, was du sagst!« Oder: »Zuhören ist noch wichtiger als antworten!« Einer ihrer Lieblingssprüche beim Regieführen ist: »Mach dich auf, lass es zu, gib dich hin!« Solche Sätze sind wie Mantras, sie sind wichtig und hilfreich und begleiten einen ein Leben lang.

Wie sich unser privates Verhältnis im Laufe der Jahre verändert hat, ist schwer zu beschreiben. Die Veränderung geht ja nicht in spürbaren Stufen vor sich, sondern vollzieht sich kontinuierlich und unmerklich. Wenn man zum Beispiel jemanden lange nicht gesehen hat, merkt man, dass er älter geworden ist, aber wenn man diesen Menschen besonders gern mag, nimmt man nur wahr, dass er müde ist oder traurig oder fröhlich und strahlend. Die Liebe deckt die Falten zu. Genauso geht es mir mit meiner Mutter. Aber in einem Punkt hat sich meine Sehweise verändert, das liegt wohl daran, dass auch ich älter geworden bin. Ich habe das Gefühl, jetzt mehr die Frau in ihr zu sehen und nicht mehr so sehr die Mutter. Und diese Frau sehe ich manchmal so, als sei sie mein Kind. Das Verhältnis hat sich irgendwie umgekehrt.

Noch einmal zurück in die frühen Jahre. Zwei Männer spielten im Leben meiner Mutter eine wesentliche Rolle: mein Vater und der Johannes Schaaf. Beide haben ihr Kummer bereitet. Daher habe ich oft Sätze von ihr gehört wie: »Kennst du einen Mann, kennst du alle.« Oder: »Halt dich an deinem Beruf fest, der ist dein bester Freund.« Oder: »Sieh zu, dass du dich dein Leben lang selbst ernähren kannst.« Sie hat es mir vorgelebt, und das war gut so. Den Johannes Schaaf habe ich erst mit sieben Jahren kennen gelernt. Er war nicht so hübsch wie mein Vater. Er sah aus wie ein dicker Seehund, hatte einen Schnauzbart und kaum Haare auf dem Kopf. Ich habe mich am Anfang ihm gegenüber nicht sehr nett benommen, wahrscheinlich war ich auch eifersüchtig.

SUZANNE VON BORSODY   41

Außerdem hat sein Schnurrbart so gepiekst, wenn er mir ein Küsschen geben wollte. Später wurde der Johannes dann doch zur Respektsperson und Vaterfigur. Mein leiblicher Vater war eher der Wochenendauftaucher und für mich ein bisschen das kleine fiese Druckmittel dem Johannes gegenüber.

Was können wir noch gut miteinander, die Mami und ich? Spielen bis zum Umfallen. Weihnachten gibt es immer endlose Rommécup-Runden, oder wir spielen Scharade. Wir singen gern zusammen, vor allem bei langen Autofahrten, und lachen können wir auch gut miteinander. Wir lachen über die gleichen Dinge, wir haben die gleiche Art von Humor. Beim Witze-Erzählen können wir einen regelrechten Marathon veranstalten. Wir können auch gut gemeinsam unterwegs sein. Es ist noch gar nicht so lange her, da waren wir zusammen in Bali, und das war toll. Wir sehen uns selten, aber dafür telefonieren wir miteinander. Der gemeinsame Film, den wir in München gedreht haben, war eher die Ausnahme. Er hat den schönen Titel *Mensch Mutter*, hat aber nichts mit uns persönlich und unserem privaten Umgang miteinander zu tun.

Was haben wir äußerlich für Ähnlichkeiten? Unsere Stimmen sind ähnlich, wir haben auch ähnliche Bewegungen. Mein Mund ist ihrem ähnlich, und sie wiederum hat ihn von ihrer Mutter geerbt, ihre Stimme übrigens auch. Aber sonst bin ich äußerlich eher das Kind meines Vaters. Ach ja, und den Ringfinger meiner Mutter hab ich und den Daumen meines Vaters. Ich dachte immer, was mich von meiner Mutter unterscheidet, das bin ich. Aber vor zehn Jahren war mein Vater für drei Wochen in Berlin, weil er dort Theaterproben für eine Tournee hatte. Er suchte für diese Zeit eine Wohnung, und ich bot ihm ein Zimmer in meiner großen Wohnung an. In dieser Zeit bekam ich eine richtige Identitätskrise, weil ich plötzlich wahrgenommen habe, dass alles, was mich von meiner Mutter unterscheidet, mein Vater ist. Wer bin denn dann eigentlich ich? Das war wirklich eine komische Entdeckung.

Wenn ich eine Tochter hätte, wäre ich wahrscheinlich ähnlich besorgt um mein Kind, wie meine Mutter es um mich war und ist. Obwohl ich denke, ab einem gewissen Alter sollte man die Leine ein bisschen länger lassen. Ich würde ihr das Gefühl vermitteln wollen: Was du machst, das ist in Ordnung, mach nur, ich versuche, mir keine Sorgen zu machen. Die Mami versucht das wahrscheinlich auch, aber es gelingt ihr halt nicht so ganz. Schwer, oder? Wenn das Kind doch so oft »auf die Schnauze« fällt! Kind bleibt man immer. Mutter auch. Ich fühlte mich immer sehr gut behütet, gleich von zwei »Weibern«: der Omama und der Mami. Wenn ich es aus meiner heutigen Sicht betrachte, war das schon etwas Gutes, Liebevolles. Das Leben, so eng, nur mit Frauen, ist auf der einen Seite schön, weil eine Frau versteht, was eine Frau fühlt. Man ist einander nah, so von Frau zu Frau. Andererseits ist man auch absolut nackt voreinander. Aber dennoch: Ich bin ein Mamakind, geprägt durch diesen Drei-Weiber-Haushalt: Großmutter, Mutter, Tochter.

Man bleibt einfach mit der Mutter verbunden, egal, wie oft man die Nabelschnur durchschneidet.

SUZANNE VON BORSODY

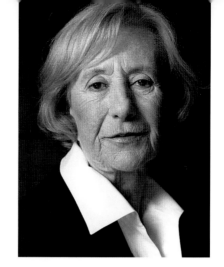

Nach der Scheidung von Suzannes Vater musste ich viel arbeiten, um Geld zu verdienen. Das hätte ich nicht gekonnt, wenn ich nicht gewusst hätte, dass das Kind in der Obhut meiner Mutter gut aufgehoben war.

ROSEMARIE FENDEL

Als ich Mutter einer Tochter wurde, war ich immer noch sehr stark mit meiner eigenen Mutter verbunden. Sie war eine sehr dominante Frau. Nur ein Beispiel: Ich lag auf der Entbindungsstation, das neugeborene kleine Wesen im Arm, und meine Mutter sollte auf dem Standesamt den Namen Suzanne Christine eintragen lassen. Ohne mir vorher etwas zu sagen, fügte sie noch eine Manuela hinzu, einen Namen, der mir nicht gefiel. Suzanne hingegen ist froh über diese Manuela, sie findet, der Name passt gut zu ihr, weil sie handwerklich so begabt ist. Als ich zwei Jahre alt war, hatten sich meine Mutter und mein Vater getrennt. Geschieden wurde die Ehe erst, als ich sechzehn war, aber solange mein Vater lebte, weinte meine Mutter hinter ihm her und wartete darauf, dass er zu ihr zurückkäme. Sie hat nie wieder geheiratet, obwohl es genügend Männer gab, die ihr den Hof machten. Sie war eine bildschöne, elegante, gebildete Frau. Klein, zierlich, große schwermütige braune Augen. Alles, was in meinem Gesicht krumm ist, war bei ihr gerade. Trotzdem bin ich ihr äußerlich ähnlich, der gleiche Mund, der gleiche Augenschnitt, die gleichen Hände. Vor allem hatten wir die gleichen Stimmen. Sie stammte aus einem kleinen Nest in Böhmen. Dort sprach man einen fast unverständlichen, gar nicht schönen Dialekt. Sie weigerte sich schon als Kind, ihn zu sprechen und redete Hochdeutsch. Dialekte waren ihr ein Greuel, ganz im Gegensatz zu mir, ich liebe Dialekte, es steckt so viel Kraft darin. Den guten Umgang mit der Sprache im Allgemeinen, aber und die Lust, zu schreiben, habe ich von ihr geerbt.

Ihr Weinen um meinen Vater, den ich nur ganz kurz und viel später kennen gelernt habe, brachte mich dazu, den Clown zu spielen. Ich wollte, dass sie lacht! Schon mit vier Jahren fühlte ich mich für sie verantwortlich und tappelte dauernd hinter ihr her, um auf sie aufzupassen. Wenn sie aufs Klo ging, saß ich vor der Tür

und wartete, bis sie wieder rauskam. Wenn wir über die Straße gingen, passte ich auf, dass wir gut rüberkamen. Dieses Hinterhergetappel muss ihr wohl manchmal ziemlich auf die Nerven gegangen sein. Einmal, zu Ostern, sagte sie, ich solle mich auf einen Korb mit bunten, gekochten Ostereiern setzen: »Wenn du ganz still bist und lange genug drauf sitzen bleibst, kommen kleine Hühnchen aus den Eiern.« Ich war ein folgsames Kind und tat es. Die Enttäuschung darüber, dass nicht ein einziges Hühnchen unter mir herauskroch, spüre ich noch immer, wenn ich daran denke.

Meine Mutter sah zwar vor lauter Tränen manchmal nichts, aber sie war ausschließlich für mich da, hatte keinen Beruf, der sie ablenkte, ließ mich nur im Notfall allein. Sie war eine gute Mutter, ich liebte sie über alle Maßen und war zeitlebens ein absolutes Mamikind. Als ich neun Jahre alt war, verliebte sich der Chefarzt eines Krankenhauses, in dem meine Mutter einige Zeit als Patientin sein musste, in sie und sie sich wohl auch in ihn. Ich bemerkte diese seltsame Veränderung an ihr und wehklagte: »Ach, Mami, du liebst mich nicht mehr, du liebst mich nicht mehr!« Da hat sie diesen tollen Mann sausen lassen. Kinder können schon sehr egoistisch sein. Aber halt auch dumm. Vielleicht wäre sie ja mit diesem Herrn Professor wieder eine glückliche Frau geworden? Und ich hätte einen Vater gehabt, den ich mir als Kleinkind doch so sehr wünschte. Einmal fragte sie mich, wie denn dieser Vater aussehen solle, und ich soll darauf gesagt haben: »Oh, mir wär' jeder recht, nur kein Einbrecher!« Auch als ich dann erwachsen wurde, meinen Beruf ausübte und dadurch natürlich innerlich freier wurde, hat sich meine Sorge um sie nie gelegt. Nach der Geburt von Suzanne nahm ich sie ganz zu mir, und ohne sie wäre ich, wären wir verloren gewesen. Nach der Scheidung von Suzannes Vater musste ich viel arbeiten, um Geld zu verdienen. Das hätte ich nicht gekonnt, wenn ich nicht gewusst hätte, dass das Kind in der

Obhut meiner Mutter gut aufgehoben war. Aber es war doch eine große Belastung, Mutter und Tochter gleichzeitig zu sein; ich jedenfalls würde nicht gerne bei Suzanne wohnen. Man läuft Gefahr, die erwachsene Tochter immer noch als unselbstständiges Kind zu behandeln, und das macht beide unfrei. Allerdings ist die Konstellation bei uns anders, wir sind neben unserer engen Verwandtschaft ja auch noch Kolleginnen, wir wissen um die Anstrengungen, die der Beruf uns abverlangt, wie sehr er Körper und Geist beansprucht und manchmal halt keinen Platz lässt für Haushaltsführung und auch nicht für die Sorgen der Mütter. Außerdem trauere ich nicht einem Mann hinterher, und Suzanne ist Gott sei Dank anders veranlagt als ich. Sie lässt »die Kirche mehr im Dorf«, ist pragmatischer als ich. Mit mir geht die Fantasie manchmal durch, ich gerate leicht in Panik, und sobald eine Sorge verschwunden ist, baue ich eine neue auf.

Es gibt eine Kindergeschichte von Suzanne, die sie nicht so gern hört, aber die mein ganzes Entzücken ist: Sie war drei Jahre alt, und wir waren noch eine »richtige Familie«. Der Vater war noch da. Er verdiente allerdings nicht mehr so viel Geld wie zu den Zeiten, als er noch ein großer Filmstar war und auf vielen Titelseiten prangte. Wir wohnten in einem kleinen Reiheneckhaus in München. Der Maler war gerade da gewesen, und das Streichen der Wände hatte viel Geld gekostet. Da sehe ich, wie Suzanne im Flur zwischen Küche und Wohnzimmer mit Buntstiften die Wand anmalt. Ich sage: »Bitte mach das nicht, komm, ich geb' dir Papier, setz dich damit ins Zimmer und mal da.« Ich gehe in die Küche, sehe, wie sie wieder zurückkommt und weiter die Wand im Flur anmalt. »Herzeli«, sage ich, schon ein wenig ungeduldig, »bitte lass das! Der Maler hat viel Geld gekostet! Du malst sehr schön, aber bitte nicht auf dieser Wand!« Sie trollt sich ins Wohnzimmer. Als ich zum dritten Mal aus der Küche komme und sie wieder malend an der Flurwand erwische, werde ich streng:

Wenn Suzanne zu einer Party fuhr, und sei es auch nur zum Ammersee, bestand ich darauf, vorher die Telefonnummer des Zielortes zu bekommen und angerufen zu werden, sobald sie dort angekommen war; ich wäre sonst von tausend Ängsten erfüllt gewesen.

»Suzanne, jetzt langt's! Wenn du so bös' bist, mag ich dich fei überhaupt nimmer!« Darauf sie: »Das macht nix, Mami, ich mag mich ganz allein!« Wunderbar! Gott erhalt es dir!, hab ich da gedacht. Was kann einem Besseres passieren, als sich selbst zu mögen? Ich mag mich oft gar nicht so sehr. Heute sagt Suzanne dann zu mir: »Weil du dir immer die Latte zu hoch hängst, Mami!« Da ist was Wahres dran.

    Als Suzanne vier Jahre alt war, habe ich mich scheiden lassen. In der Hauptsache ihretwegen. Ihr Vater hielt es schon lange nicht mehr mit der Treue, und eines Tages, Suzanne waren gerade die Mandeln herausoperiert worden, und sie musste entsetzlich spucken, saß er neben ihr auf dem Sofa, hielt mit der einen Hand die Schüssel, in die sie spuckte, und mit der anderen streichelte er ihr zum Trost über das Köpfchen, und sie war, trotz der Tortur, glücklich mit ihrem schönen, liebevollen Vater an der Seite. Da steht er plötzlich auf und geht aus dem Haus. Zu irgendeiner neuen Liebsten. Suzanne weint und bettelt: »Papi, bitte bleib doch bei mir!« Nix da! Er geht! Ohne ihr auf Wiedersehen zu sagen! Dreht sich nicht mal mehr zu ihr um! Danach spuckt sie sich fast zu Tode. Nee, hab ich gedacht, auch wenn meine Mutter mir noch so oft sagt, eine geschiedene Frau in der Familie sei genug, sie wird sich leider damit abfinden müssen, dass ich die zweite bin. Wenn ich unter diesem ungetreuen Hansel leide, dann ist das meine Sache, aber das Kind soll nicht auch noch darunter leiden! Ich habe sofort einen befreundeten Anwalt angerufen und um einen Scheidungstermin gebeten. Von da an waren wir ein Drei-Weiber-Haushalt. Wie gesagt, ich war froh, dass meine Mutter bei mir war, ich musste ja wieder neu Fuß fassen im Beruf, den ich gleich zu Anfang meiner Karriere aufgegeben hatte. Das war alles nicht leicht, doch mein Wahlspruch war: Ich kann, was ich muss, o seltnes Geschick. Ich will was ich muss! O doppeltes Glück. Ein guter Spruch! Es gab oft Streit zwischen meiner Mutter und mir, manchmal um eine »Fliege an der

Wand«. Sie betrachtete Suzanne inzwischen als ihr Kind und sprach mir die Kompetenz ab, sie richtig zu erziehen. Ich weiß noch: Ich hatte Suzanne gerade gebadet, sie stand in Tücher eingewickelt auf der warmen Bank des Kachelofens und hörte nachdenklich dem Hickhack zwischen der Mami und der Omama zu. Als Letztere aus dem Zimmer gegangen war, sagte sie leise zu mir: »Mami, ich zeig dir jetzt mal, was ich immer mache. Schau, ich leg' meine Zunge da oben im Mund hin und roll' sie nach hinten. Dann gehen meine Ohren zu, und ich hör' nicht mehr, was die Omama sagt. Mach's doch auch so!« Toll, oder? So klein und so weise. Ich hab's probiert, und es hat funktioniert!

Ach, es gibt so viele schöne Kindergeschichten von Suzanne. So liebevolle. Zum Beispiel die von unserem Irlandaufenthalt bei der Familie Asmodi. Am Abend sitzen wir vor dem Kaminfeuer – Suzanne, fünf Jahre alt, schläft schon – und singen »Der Mond ist aufgegangen«. Ich werde furchtbar sentimental und ein bisschen neidisch angesichts dieses einträchtigen Ehepaares. Also sage ich gute Nacht und krieche schnell und unglücklich zu Suzanne ins Bett, weine leise vor mich hin, denke, sie schläft tief und fest. Da kommt ihr kleines Händchen und streichelt meinen Nacken. Sie sagt nichts, streichelt mich nur. Zärtlich und ausdauernd. Als mein Weinen langsam aufhört, sagt sie: »Mami? Is es wieder gut? Kann ich jetz aufhörn mit den Massiern?« O je! Das war so süß, da liefen meine Tränen gleich von neuem vor lauter Rührung. Heute noch, wenn ich daran denke, könnte ich gleich wieder weinen.

Noch so eine Geschichte, die mich bis heute rührt: Meine Mutter muss ins Krankenhaus, ich bin mitten in einem Dreh fürs Fernsehen, also muss ich Suzanne in ein Kinderheim bringen. Es ist ein stinkvornehmes Heim, mit Ponys, die kleine Wägelchen ziehen, einem wunderbaren Spielplatz und vielen netten Kindern. Es liegt

gleich neben meiner Arbeitsstätte, der Bavaria, aber auf Anraten der Heimleiterin darf ich Suzanne nicht besuchen. Nach vierzehn Tagen kann ich sie wieder abholen und denke, ich sehe nicht recht: Sie hat keine Wimpern mehr! »Was ist denn mit deinen Wimpern passiert?«, frage ich. »Ach«, sagt sie, »ich hab' mir jeden Tag eine ausgerissen und sie weggeblasen und mir dabei gewünscht, dass du mich ganz bald wieder holst!« Tja, das kommt davon, wenn man in einer abergläubischen Familie aufwächst. »Ein komisches Kind haben Sie da«, sagte die Heimleiterin zu mir, »sie wollte nicht mit den anderen Kindern spielen, sagte, Kinder würden sie nur nervös machen.« Man sollte es nicht glauben, wenn man die Suzanne von heute kennt, aber bis zu ihrem zwölften Lebensjahr war sie absolut kontaktarm. Das hat sich schlagartig geändert, als ich sie – da sie auch in der deutschen Oberschule nicht nur keine Freunde fand, sondern auch mit dem Unterricht nicht zu Rande kam – auf die wunderbare International School am Starnberger See brachte. Aber, sie blieb, wenn auch auf andere Weise, trotzdem ein Mami-Kind. Ein Omama-Mami-Kind. Obwohl ein Mann ins Haus kam, oder vielleicht gerade deswegen?

Er kam, als Suzanne sieben war und hieß Johannes Schaaf. Im Gegensatz zu Suzannes Vater war er nicht schön und hatte obendrein einen Schnauzbart, vor dem sie sich ekelte. Sie lehnte ihn vehement ab. Vielleicht war sie auch eifersüchtig, ich weiß es nicht. Eingedenk der Tatsache, dass ich meiner Mutter als Kind eine wahrscheinlich glückliche Liebesbeziehung zu dem Herrn Professor vermasselt hatte und das später sehr bereut habe, ignorierte ich ihr Verhalten. Suzanne hat erst viel später gemerkt, was für ein hochkünstlerischer und besonderer Mensch der Johannes war. Heute redet sie in den höchsten Tönen von ihm. Er war ja dann auch, vor allem beruflich, ein sehr wesentlicher Faktor für sie.

ROSEMARIE FENDEL

Mit neunzehn kam dann die erste Männergeschichte, und Suzanne fing an, ihr eigenes Leben zu führen. Ich muss gestehen, für mich war sie trotzdem noch das Kind, genau, wie ich es für meine Mutter war, nur, dass ich das für sie noch mit sechzig Jahren war. Wenn Suzanne zu einer Party fuhr, und sei es auch nur zum Ammersee, bestand ich darauf, vorher die Telefonnummer des Zielortes zu bekommen und angerufen zu werden, sobald sie dort angekommen war; ich wäre sonst von tausend Ängsten erfüllt gewesen. Eines solchen Abends rief sie nicht an, und ich war so beschäftigt, dass es mir nicht einmal auffiel. Mitten in der Nacht erst kam ihr Anruf. Ziemlich empört sagte sie: »Hast du dich jetzt etwa abgenabelt?« Nein, nein, so ganz tut man das als Mutter wohl nie, und auch für sie bin ich die Anlaufstelle, meistens telefonisch. Wenn es bei ihr irgendwo brennt, ob beruflich oder privat, holt sie sich Rat und Hilfe bei der Frau Mama. Sie wollte eigentlich die Malerei zu ihrem Beruf machen, denn sie kann ungeheuer schön zeichnen, was ich zu meinem Leidwesen gar nicht kann. Als feststand, dass sie nach ihren ersten großen Erfolgen im Fernsehen – für ihre zweite Rolle, die Titelrolle in der Reihe *Beate S*, bekam sie gleich die Goldene Kamera – Schauspielerin werden wollte, bestand ich darauf, dass sie zuerst an der »Wurzel unseres Berufes«, dem Theater, dieses Handwerk erlernt. Sie hat lange und erfolgreich an großen Theatern große Rollen gespielt, bevor sie wieder im Film tätig wurde, wo sie heute zur ersten Garde gehört. Ich bin sehr froh darüber, glücklich und stolz!

Noch ein paar Gedanken zur Vererbungslehre, nur auf Gefühle, Wesenszüge, Charaktereigenschaften bezogen. Ich denke darüber nach: Was hat Suzanne von mir, was von ihrem Vater? Auf alle Fälle haben wir den gleichen Humor und denselben Gerechtigkeitssinn, und beide sind wir ungeheuer tierlieb. Wir lieben die Musik von Haydn, Beethoven und Bach, aber auch Giora Feidmann mit seiner »singing clarinet« und Paolo Contes

Ja, wir haben die unangenehme Eigenschaft des übertriebenen Mitleids gemein – und wir sind beide große »Einmischerinnen«. Im Beruf, wie im Leben, machen wir unseren Schnabel auf und sagen, was uns nicht gefällt, vorausgesetzt, wir wissen, wie man es besser machen kann oder könnte.

raue Stimme. Wir sind beide empatische Wesen. Wenn ein großes Messer auf dich gerichtet ist, in der Absicht, dich zu töten, wenn du versuchst, tapfer zu sein und dennoch in der Lage bist, an den Menschen zu denken, der das Messer hält, wenn du fähig bist, zu denken, ach der Arme, was treibt ihn nur zu dieser bösen Tat, was wünscht er sich so verzweifelt? – dann ist das Empathie. Ja, wir haben die unangenehme Eigenschaft des übertriebenen Mitleids gemein – und wir sind beide große »Einmischerinnen«. Im Beruf, wie im Leben, machen wir unseren Schnabel auf und sagen, was uns nicht gefällt, vorausgesetzt, wir wissen, wie man es besser machen kann oder könnte. Was uns drei Frauen zu eigen war und zweien noch ist, ist der Hang zum Übersinnlichen und die Gleichheit der Stimmen. Suzannes Vater ist Wiener. Von ihm hat sie eine gehörige Portion, wollen wir es mal so nennen, »Diplomatie« mit auf den Weg bekommen und eine gewisse Leichtlebigkeit. Leider auch die Eigenschaft, einen Groll, den man ihr verursacht hat, Ewigkeiten mit sich herumzutragen, um ihn erst viel später, manchmal Jahre später, aufs Tapet zu bringen. Und leider auch die Sucht, alles aufzuheben. Alles, jeden unnützen Krimskrams. Aber sie hat auch das Strahlende von ihm mitbekommen, diese so liebenswerte positive Ausstrahlung. Von beiden Elternteilen also etwas. Wie es sich gehört. Die Mischung macht's, schafft ein ganz neues, eigenständiges Geschöpf.

Zum Schluss noch etwas über Mütter im Allgemeinen: Wie sie's auch machen, irgendetwas machen sie in den Augen der Kinder immer falsch. Das weiß ich aus eigener Erfahrung. In der Rückschau bitte ich meiner Mutter vieles ab.

»Über die Kunst hatten wir schon immer einen guten Draht zueinander. Lena hält große Stücke auf mein Urteil.«

MARLIES FLIESSBACH

LENA FLIESSBACH

»Ich finde es toll, dass meine Mutter mit ihrer Kunst ihren eigenen Weg geht. Sie ist sehr mutig und macht einfach ihr Ding.«

LENA FLIESSBACH

Ich habe ganz harmonische Erinnerungen an früher. Das Elternhaus war für mich – und ist es immer noch – das warme Nest, der Platz der Geborgenheit. Als ich noch ganz klein war, fünf oder sechs, habe ich mir in unserem Garten mal den Kopf aufgeschlagen. Meine Mutter kam sofort herbeigelaufen und trug mich ins Haus. Dort hielt mein Vater schon einen Eisbeutel bereit und versuchte, die Blutung zu stillen. Es war schon ziemlich heftig, alles war voller Blut. Aber ich erinnere mich hauptsächlich an das Getragenwerden und daran, wie ich mich trotz des Unfalls bei meiner Mutter geborgen fühlte. Als Zwillinge waren Sarah und ich immer zu zweit. Für meine Mutter war das natürlich schwierig und anstrengend, ständig zwei Kinder, die beide gleich klein waren, im Auge zu behalten. Meine Mutter war immer sehr besorgt und ein bisschen ängstlich. Wir waren häufig zur selben Zeit krank und hatten alle Kinderkrankheiten gleichzeitig.

Meine Mutter war strenger als mein Vater. Wenn wir wegen einer Party länger wegbleiben wollten, haben wir immer Papa gefragt. Aber beide Eltern hatten das Prinzip der langen Leine. Sie meinten, wir sollten es selber merken, wenn wir uns falsch verhielten, und so konnten wir über unsere Grenzen eher selbst bestimmen. Wenn wir zum Beispiel abends weggingen und deshalb am nächsten Tag die Hausaufgaben oder eine Prüfung nicht schafften, dann machten wir es beim nächsten Mal besser. Ich glaube, meine Schwester und ich waren beide verantwortungsbewusst genug, um daraus zu lernen. Es kam natürlich auch mal vor, dass ich sagte: Nein, ich will jetzt aber ein bisschen länger wegbleiben, oder ich will da und da hinfahren. Aber im Großen und Ganzen gab es wenig Stress mit meinen Eltern. Wenn meine Mutter und ich uns stritten, ging es eher um Kleinigkeiten, zum Beispiel, dass ich meine Sachen nicht wegräume oder so etwas. Ich war bei diesen kleinen Streitereien immer erst einmal beleidigt und zog mich zurück. Irgendwann nach ein paar Stunden gingen wir dann wieder aufeinander zu, und meine Mutter sagte irgendetwas Beschwichtigendes. Wenn ich dann weiter

sauer war, sagte sie: Das war doch nicht so schlimm. So, jetzt mach' mal weiter. Sie ist mehr nach vorne gerichtet. Sie analysiert nicht groß noch einmal alles, sondern Schwamm drüber.

Meine Freunde habe ich immer gleich mit nach Hause gebracht, und meine Mutter fand das auch sehr nett. Aber ich habe natürlich gemerkt, ob sie jemanden mochte oder nicht, auch wenn sie nichts gesagt hat. Sie hat mir meine Entscheidungen selbst überlassen. Meinen jetzigen Freund mögen meine Eltern auf jeden Fall total gerne. Er ist auch immer dabei, wenn wir zusammen essen gehen.

Spätestens nach der Pubertät, als ich Abi gemacht hatte, wollte ich unbedingt von zu Hause auszuziehen. Ich wollte einfach etwas Eigenständiges haben, mir selber etwas aufbauen. Es war mir auch wichtig, aus Hamburg wegzugehen, wo ich zum Essen immer wieder zu meinen Eltern hätte kommen können. Ich wollte all das, was früher meine Mutter für mich gemacht hat, selbst organisieren. Das war mir total wichtig. Schon bevor ich zum Studieren nach Berlin ging, war ich immer sehr viel unterwegs. Ich wohnte zwar noch zu Hause, aber ich habe immer ganz viel mit Freunden unternommen und war auch häufig in Berlin, weil mein Freund dort wohnte. Nach dem Abi war ich zweieinhalb Monate in Mexiko und habe dann mit zwei Freundinnen eine Wohnung gemietet und mein Leben allein in die Hand genommen. Meine Mutter ist auf jeden Fall bodenständiger als ich. Ich probiere gerne Sachen aus und reise herum, das habe ich wohl eher von meinem Vater. Ich könnte mir auch vorstellen, auszuwandern und ganz woanders zu leben. Meine Mutter hätte das sicher nicht gemacht. Sie hat ihr ganzes Leben in Hamburg verbracht.

Wir haben ähnliche Interessen, gehen beide gern in Ausstellungen und haben ein bisschen die gleiche Art. Allerdings ist sie viel temperamentvoller als ich und redet immer ganz offen drauf los. Ich bin eher schüchtern und zurückhaltend, besonders Fremden gegenüber. Ich rede nicht gern vor Leuten, die ich nicht kenne. Meiner

Schon von klein auf war ich mehr bei meiner Mutter und meine Zwillingsschwester mehr bei meinem Vater. Ich weiß auch, dass meine Mutter meinen Namen ausgewählt hat und mein Vater den meiner Schwester Sarah. Obwohl ich inzwischen in Berlin wohne, bespreche ich ganz viel mit meiner Mutter. Wir telefonieren sehr oft, auch einfach so, ganz normal und freundschaftlich, und bei Problemen ist sie neben Sarah meine erste Ansprechpartnerin.

Mutter macht das überhaupt nichts aus. Sie ist eigenständig und sehr fröhlich und lässt sich überhaupt nicht unterdrücken. Ich finde es total toll, dass sie mit ihrer Kunst ihren eigenen Weg geht. Sie ist sehr mutig und macht einfach ihr Ding. Darin ist sie ein Vorbild für mich. Manchmal habe ich sie im Atelier besucht, und dann haben wir ein bisschen zusammen gemalt. Wenn ich öfter in Hamburg wäre und mehr Zeit hätte, würde ich das gern häufiger machen. Wir haben auch mit Freunden einmal einen Kurs bei ihr gemacht. Da hat uns meine Mutter gezeigt, wie man Papier schöpft. Meine Freundinnen verstehen sich auch alle gut mit meiner Mutter. Ich denke, meine Mutter hat mit ihrer Eigenständigkeit mein Frauenbild stark geprägt. Als wir klein waren, hat sie teilweise zu Hause gearbeitet, aber dann hatte sie irgendwann ihr Atelier, wo sie immer war. Dass sie weniger zu Hause war, hat sie und auch uns verändert. Wir haben uns immer zum Mittagessen getroffen. Manchmal bin ich zu ihr gefahren, und wir haben dort zusammen gegessen. Ich weiß schon, dass sie zu Hause die Fäden in der Hand hält. Sie hat meinen Vater ganz gut im Griff und setzt ihren Willen durch. Ich möchte später auch selbstständig sein und meinen eigenen Beruf haben und will auf gar keinen Fall von meinem Mann abhängig sein. Das ist ja heutzutage noch oft so.

Heute gehen meine Mutter und ich eher freundschaftlich miteinander um, und im Moment gibt es eigentlich überhaupt keine Konflikte. Inzwischen bin ich ein richtiges Gegenüber für sie, das kann man wohl so sagen. Wenn wir zusammen sind, quatschen wir immer ganz viel und scherzen miteinander. Sie ist sehr humorvoll, und es ist immer lustig mit ihr. Wir gehen auch zusammen essen und manchmal shoppen. Und wir telefonieren auch total häufig. Aber es ist natürlich immer noch so, dass sie eher diejenige ist, die mir sagt, dass ich zum Beispiel die Haare lieber so oder so tragen sollte. Oder jetzt brauche ich öfter Rat von ihr, darum rufe ich häufiger an. Ich weiß, dass meine Mutter mich sehr gut kennt, und darum frage ich sie eher um Rat als meinen

Vater, natürlich besonders, was Kunst betrifft. Ich rufe sie auch manchmal an, wenn ich ein Rezept nicht weiß und unsicher bin, wie lange ein Kuchen im Ofen bleiben muss. Das weiß sie immer, sie kann wirklich gut kochen. Wir haben ein typisches Tochter-Mutter-Verhältnis.

Wenn ich eine Tochter hätte, würde ich sie im Prinzip genauso erziehen. Ich bin zwar ein bisschen anderer Typ als meine Mutter, aber wahrscheinlich wäre ich auch total besorgt, so wie sie es war, als wir klein waren. Ich finde wirklich, meine Mutter hat mit Sarah und mir alles richtig gemacht. Sie ist immer gleich mit uns umgegangen, hat nie eine von uns bevorzugt. Obwohl Sarah schon immer mehr mit meinem Vater zusammen war und ich mehr mit meiner Mutter, hat sich doch nie eine von uns zurückgesetzt gefühlt.

Ich wünsche mir, dass wir uns auch in Zukunft häufig besuchen, uns ganz oft sehen und etwas zusammen unternehmen können, und dass wir Zeit haben, auch ein bisschen zu tratschen. Ich wünsche mir auch, dass sie mir weiterhin zur Seite steht und mich unterstützt. Auch wenn ich vielleicht irgendwo am anderen Ende der Welt wohne, kann ich mir ein Leben ohne Kontakt zu meiner Mutter nicht vorstellen. Ich werde ihr dann auf jeden Fall immer schreiben. Sie spielt in meinem Leben eine ganz große Rolle.

MARLIES FLIESSBACH

Als ich schwanger war, wussten wir lange nicht, dass wir Zwillinge bekommen würden. Erst Mitte des fünften Monats erfuhren wir bei einer Ultraschalluntersuchung, dass zwei Kinder in meinem Bauch heranwuchsen. Damals habe ich das gelassen aufgenommen, mir war noch gar nicht klar, was das bedeutet, immer zwei Kinder auf einmal im gleichen Stadium zu haben. Na gut, dachte ich, dann werden es eben zwei. Aber wir mussten umplanen. Peter beendete seine Arbeit in Süddeutschland und kam wieder nach Hamburg, um mit anzupacken. Kurz vor der Geburt sah ich mithilfe des Ultraschalls die beiden in meinem Bauch. Sarah lag in Hab-Acht-Stellung, Kopf nach unten, als wollte sie sagen: Hallo, hier bin ich. Und Lena tanzte um sie herum und konnte ihren Platz nicht finden, weil da schon jemand lag. Sarah kam dann auch als Erste heraus, während Lena nicht so richtig Lust hatte, die warme Höhle zu verlassen. Sie kam zweiundzwanzig Minuten später. Der Schock kam eigentlich erst, als wir mit der vielen Arbeit zu Hause waren – die erste Zeit war fürchterlich anstrengend. Peter blieb die ersten drei Monate zu Hause, und wir machten alles gemeinsam. Es war eine wahnsinnige Umstellung, weil ich aufgeregt, unerfahren und genervt war. Plötzlich waren da zwei Wesen, die so hilflos waren. Trotz all der Anstrengung war es aber auch schön, weil die Kinder so süß waren. Ich war ja schon fünfunddreißig, da sind die Nerven vielleicht nicht mehr so wie bei einer Zweiundzwanzigjährigen. Manchmal wäre von meiner Seite vielleicht ein bisschen mehr Gleichmut angebracht gewesen. Ich habe die beiden ständig beobachtet: Was machen sie jetzt, ist auch alles in Ordnung? Mein Leben drehte sich nur noch um Lena und Sarah. Ich gab meine Textilwerkstatt auf, obwohl ich eigentlich vorhatte, sie weiterzuführen. Aber mit zwei Kindern ging das einfach nicht. Das war wie eine große Welle, die über mir zusammenschlug.

Lena hat einen Fundus von Harmonie, und ich wünsche ihr, dass sie nie enttäuscht wird.

Lena war zarter als Sarah und hing sehr an meinem Rockzipfel. Ich musste sie unter meine Fittiche nehmen. Wenn sie weinte, kam sie eher zu mir als zu ihrem Vater. Wenn ihr etwas weh tat, meinte auch ich den Schmerz zu spüren. Manchmal hatte ich den Eindruck, dass sie dadurch, dass sie im Bauch nicht ihren Platz finden konnte, auch nach der Geburt weiter suchte und es für sie schwieriger war, sich zu behaupten. Als Kleinkind und auch als Schulkind konnte Lena gut quengeln. Sie konnte auch sehr impulsiv und aufbrausend sein, insbesondere, wenn sie sich ungerecht behandelt fühlte. Dann ärgerte sie sich und wollte endlos darüber reden. Sie konnte wirklich nerven. Dann wieder war sie verträumt und lebte wie auf einem anderen Stern. Eine schlimme Geschichte ist mir in Erinnerung geblieben: Lena stürzte im Garten einmal ganz furchtbar mit dem Fahrrad auf eine Mauer, aus der ein rostiger Nagel heraus guckte. Ich bin hingerannt und habe dieses schrecklich blutende Kind auf den Arm genommen. Das war ganz entsetzlich. Peter war Gott sei Dank auch im Garten.

Die Schulzeit verlief sehr glatt. Als Lena so in der siebten, achten, neunten Klasse war, also in der Zeit der Pubertät, konnte sie ab und zu wunderbar aus der Haut fahren und das ganze Haus zusammenschreien. Das mochte ich überhaupt nicht und habe furchtbar dagegen gebrüllt, aber im Grunde war unser Verhältnis friedlich und liebevoll. Ich war nicht streng, eher normal. Das hing von meiner eigenen Kondition ab. Wenn ich wirklich nicht mehr konnte, fiel es mir leichter, Grenzen zu setzen. In der elften Klasse war Lena für drei Monate in England. Ich habe sie dort besucht und habe gesehen, wie sie ihr WG-Zimmer einrichtet, wie sie alles selbstständig macht und an Dinge denkt, an die ich sonst gedacht habe. Das fand ich richtig gut.

Ihre Freunde hat Lena immer ganz selbstverständlich mit nach Hause gebracht. Aber Liebesdinge oder Probleme mit dem Freund besprach sie mehr mit ihrer gleichaltrigen Schwester, die ihr in dieser Beziehung

näher war. Ich war eben die Mutter und älter. Einmal hatte sie einen Freund, mit dem ich überhaupt nicht einverstanden war. Das war für mich sehr unangenehm, weil sie ihn auch mit nach Hause brachte. Peter hat dann sehr vorsichtig und klug mit Lena über ihn gesprochen. Das war für sie natürlich schwierig, denn vorher hatte es so etwas bei uns nicht gegeben. Die Strategie war eigentlich die, dass ich nichts verbieten wollte. Aber die Beziehung dauerte dann nicht mehr lange. Der Eindruck liegt nahe, dass sie auf uns gehört hat. Sie hat meine Meinung gewollt und auch geachtet.

Die Ablösephase war nicht so leicht für mich. Ich habe es zwar unterstützt, wenn Lena selbstständig etwas unternehmen wollte, abends wegfahren und mit Gruppen auf Reisen gehen, aber ich habe auch gezittert und war froh, wenn sie wieder zu Hause war. Dennoch fand ich es schon aus Eigennutz ganz toll, weil ich auch selbst viel zu tun hatte und viele Ideen verwirklichen wollte. Lena verreist gerne. Alle diese Reisen wie die nach Frankreich oder die nach Marokko in den letzten großen Ferien begleite ich mit Ängsten. Vielleicht, weil ich nicht so ein Reisetyp bin und so etwas allein nie machen würde. Trotzdem habe ich es immer erlaubt und auch bezahlt. Nach dem Abi fuhr sie für drei Monate nach Mexiko. Danach hat sie sich – verantwortungsbewusst, wie sie ist – erstmal für Lateinamerikanistik und Kunstgeschichte eingeschrieben, obwohl sie sich eigentlich für ein Kunststudium bewerben möchte. Wichtige Vorhaben und Entscheidungen plant Lena minuziös und stellt Listen und Tabellen auf, bevor sie zur Tat schreitet. Darin ähnelt sie ihrem Vater. Ich habe von meinem Kunststudium immer sehr geschwärmt, und es hat Vorbildfunktion für sie. Aber für dieses Studium muss sie eine Mappe erstellen, und das dauert natürlich. Über die Kunst hatten wir schon immer einen guten Draht zueinander und haben viele Gespräche darüber geführt. Lena hält große Stücke auf mein Urteil und fragt mich

Mit dem Älterwerden hat sich unser Verhältnis gewandelt. Ich sehe, wie Lena sich entwickelt hat und reifer geworden ist. Dadurch spreche ich anders mit ihr, mehr von Frau zu Frau. Was ich spannend finde, ist, dass sie natürlich Tochter bleibt und ich als ihre Mutter bei allem, was sie tut, mitzittere. Das finde ich aufregend.

deshalb bei Dingen, die die Gestaltung betreffen auch oft um Rat. Gerade jetzt, wo sie ihre Bewerbung für die Kunsthochschule vorbereitet. Ich denke, dass ich Lena ein gutes Frauenbild vermitteln konnte. Sie sieht bei mir, dass eine Frau in ihrer Familie ihre eigene Position vertreten kann und vor allem auch ihre eigene Welt hat und nicht nur immer für die Familie da ist. Sie hat erlebt, dass ich meine eigenen Sachen mache, mich um meine Malerei kümmere, und als die beiden Mädchen größer waren, habe ich auch Auftragsarbeiten angenommen. Lena fand es immer hoch interessant, dass ich auch arbeite. Nicht nur Papa, der jeden Morgen wegging.

Lena ist ein sehr natürliches Mädchen, das nicht immerzu dieses äußere Styling braucht. Sie lebt ein bisschen wie ich früher, zieht sich hübsch und praktisch an, stellt ihre Kleider nett zusammen, aber das Äußere hat für sie keinen großen Stellenwert. Sie hat einen sehr netten Freund. Die beiden leben in zwei unterschiedlichen Wohngemeinschaften und interessieren sich für viele Dinge – sie besuchen Theater und andere kulturelle Ereignisse. Darüber können wir uns gut austauschen. Lena ist sehr freundlich zu ihren Mitmenschen, aber mir gegenüber lässt sie gern mal die schlechte Laune raushängen. Außerdem ist sie genauso ungeduldig wie ich: Wenn sie sich etwas in den Kopf gesetzt hat, dann muss es sofort realisiert werden.

Wir haben eine sehr enge Verbindung, aber das heißt nicht, dass ich sie andauernd besuche oder dass wir jeden Tag telefonieren. Wenn etwas ist, wird das ausgetauscht. Das ist ein schönes Gefühl. Wir haben ein unheimlich schönes Verhältnis zueinander, weil wir uns lieben. Ich finde es klasse, wie sie ihre Sachen macht. Ich gebe ihr auch gern die Zeit, die sie braucht, um ein interessantes Studium zu finden, das zu ihr passt. Das hat sie sich gewünscht, und ich wünsche ihr, dass sich das auch erfüllt. Und dass sie mit ihrem Mann glücklich wird und nicht zu ungeduldig mit ihm ist.

»Franzis wusste immer schon, was sie wollte, und sie konnte sich gut durchsetzen.«

MARIA FRINTROP

FRANZISKA FRINTROP-VOGT

»Sicher war meine Mutter in Sachen Stärke und Pflichtbewusstsein ein Vorbild für mich.«

FRANZISKA FRINTROP-VOGT

Eine starke Kindheitserinnerung an meine Mutter ist, dass sie immer nur im Garten war. Meine Mutter im Garten und leider auch: meine Mutter im Krankenhaus. Nach mir bekam sie noch vier Kinder, die alle aufgrund des Rhesusfaktors nicht lebensfähig waren. Sie war also häufig im Krankenhaus, und ihr Leben hing oft am seidenen Faden. Im Haus residierte damals meine Großmutter, ihre Schwiegermutter, und es gab eine Köchin, die als junges Mädchen hier angelernt war. Natürlich hatten wir wegen des großen Hauses und der großen Familie, die sich fast jedes Wochenende komplett einfand, noch einige dienstbare Geister, sodass meine Mutter auch ihrem Hobby, der Gartenarbeit, nachgehen konnte. Dieses Hobby bedeutete viel Arbeit, denn der Garten war riesig: Obstgarten, Blumengarten und ein großer Gemüsegarten. Noch heute ist der Garten ihr Hobby. Ich selbst war nie im Garten, ich bin keine Gartenfrau und tue nur so viel wie notwendig ist, um es schön zu haben. Ich mag eher parkähnliche Gärten. Als Kind hatte ich von meiner Mutter eigentlich nicht sehr viel, weil sie immer draußen beschäftigt war. Ich war mehr mit meinem Vater zusammen. Oft saß ich unten am Torbogen auf einem Stein und habe auf ihn gewartet, um mit ihm aufs Feld zu fahren.

Ich wollte als Kind spezielle Dinge, für die mein Vater kein Ohr hatte. Zum Beispiel habe ich von meiner Mutter die Liebe zu Pferden geerbt und wollte gerne reiten. Wir hatten ja nur Ackergäule, auf denen ich zwar auch sitzen durfte, aber nur so, ohne Sattel, und das war einfach kein richtiges Reiten. Außerdem wollte mein Vater nicht, dass ich während der allgemeinen Arbeitszeit im Sattel sitze. Er sagte: »Wenn andere Leute arbeiten, brauchst du nicht hier herumzureiten.« Obwohl ich ein kleines Mädchen war und es wirklich niemanden gestört hätte. Ich wollte so gerne ein Pony haben, und meine Mutter war dann diejenige, die mir Mut machte und sagte: »Komm her, ich spreche mal mit Vater.« Ich reite auch heute noch, aber nur für mich

alleine, und das reicht mir auch völlig. Ich bin keine Vereinsfrau. Für mich bedeutet Reiten Erholung und Abschalten.

Meine Mutter ist sehr streng erzogen worden und hat selbst auch eine gewisse Strenge. Wir mussten früher, auch wenn wir Ferien hatten, um Punkt halb neun am Frühstückstisch sitzen. Und ich erinnere mich, als ich Studentin war, habe ich mir morgens mal, weil ich keinen Kaffee mochte, einen Pfefferminztee gekocht. Das wurde aber unterbunden. Meine Mutter meinte, wir sind eine Familie, und es geht nicht, dass jeder sein eigenes Süppchen kocht. Wir mussten uns also ganz streng an die Regeln halten. Bei meinen eigenen Kindern sehe ich das nicht so streng. Meiner Mutter ging es bei ihrer täglichen Arbeit immer um Pflichterfüllung. Vor ein paar Jahren hat sie noch gesagt: Ich arbeite im Garten, bis ich umfalle. Ich habe damals meiner Schwiegermutter versprochen, dass ich ihn weiter pflegen werde. Dieses wahnsinnige Pflichtbewusstsein, das sie uns immer vorgehalten hat, verfolgt mich heute noch. Dieses Pflichtbewusstsein bis zum Schluss, bis man nicht mehr kann. Mittlerweile schafft sie einfach nicht mehr alles und lässt die Zügel ein wenig lockerer. Gott sei Dank! Aber wenn ich an den Glauben denke – sie ist streng katholisch – hat sich nichts geändert. Als mein Vater gestorben ist, hat sie beim Rosenkranzgebet Orgel gespielt. Über fünfzig Jahre, bis letztes Jahr, hat sie jeden Sonntag in der Kirche Orgel gespielt und war Küsterin. Bis ich ihr gesagt habe: »Nun komm, Mutter, lass es gut sein, du hast das lange Jahre gemacht. Jetzt lass es andere machen.« Es gibt so viele zusätzliche Gottesdienste durch Hochzeiten, die hier stattfinden. Mittlerweile ist auch eine andere Generation mit ganz anderen Vorstellungen da, die nicht mehr den alten, fest gefügten Vorstellungen meiner Mutter entsprechen. Das führte immer wieder auch zu Konflikten. Es hat lange gedauert, bis sie das begriffen hat. Sicher war meine Mutter in Sachen Stärke und Pflichtbewusstsein ein Vorbild für mich. Auf jeden Fall. Gleichzeitig sind diese Eigenschaften manchmal

Meine Mutter ist diejenige, die mich zur Welt gebracht hat, die mich versorgt hat, der ich immer meine Freuden und meine Sorgen mitteilen konnte. Mutter war auch in manchen Dingen ein Bindeglied zum Vater.

aber auch eine Last. Ich selbst habe sehr viele Pflichten, wirtschaftliche und betriebliche, wo wirklich nichts daneben gehen darf. Und ich habe den Haushalt mit den drei Kindern. Aber wenn ich deswegen einmal sage: So, ich gehe diesen Sonntag mal nicht in die Kirche, das ist der einzige Tag, an dem ich mal etwas Ruhe habe, dann habe ich ein ewig schlechtes Gewissen. Mein größter Wunsch ist, dass ich nicht ewig dieses schlechte Gewissen haben muss. Ich versuche deshalb, bei meinen Kindern vieles etwas lockerer zu sehen.

Meine Mutter und ich hatten wenig körperliche Zärtlichkeit; das liegt aber an mir. Ich kann Gefühle nicht so zeigen. Ich bin hier in diesem großen Betrieb und der großen Familie aufgewachsen, alles ging seinen Gang, alles richtete sich nach den Notwendigkeiten der Landwirtschaft, und ich habe es so genommen, wie es kam. Ich hatte auch keine Probleme in der Pubertätszeit, das war irgendwie etwas ganz Natürliches. Aufgeklärt waren wir sowieso nicht, ich habe nie mit meiner Mutter über so etwas gesprochen. Speziell Frauengeschichten waren bei uns, eigentlich bis ich selbst Kinder gekriegt habe, ein Tabuthema.

Mein Vater war recht groß, Mutter war klein, aber sie war die wichtige Frau hinter dem Mann. Erst nach dem Tod meiner Großeltern kam sie mehr in den Vordergrund. Als junge Frau, als meine Großmutter noch lebte, führte sie eher ein Schattendasein. Darunter hat sie, glaube ich, sehr gelitten, weil sie das von zu Hause nicht gewohnt war. Sie war ja die Älteste von vier Töchtern, und mein Großvater hat seine Töchter sehr gefordert. Hier ordnete sie sich immer unter. Heute sagt sie: »Ich bin so stolz darauf, dass ich nie ein böses Wort geraucht habe. So hat Vater nie unter einem Konflikt zwischen seiner Mutter und seiner Frau gelitten.« Ich versuche auch, Konflikte zu vermeiden, aber wenn es nicht anders geht, muss ich doch meine Konsequenzen ziehen.

Eigentlich wollte ich gar nicht studieren. Ich wollte höchstens die Fachhochschulausbildung machen. Mein Vater hat damals gesagt: »Du musst den Betrieb nicht übernehmen, nur wenn du möchtest. Wenn du studieren

kannst, wenn du deine Referendarzeit machen kannst, dann mach das. Als Frau hast du in der Praxis immer Nachteile gegenüber den Männern.« Und das ist auch so. Ich habe dann einfach weiter studiert, meine Referendarzeit gemacht, und irgendwann war ich Beamtin der Landwirtschaftskammer. Ich unterrichtete auch landwirtschaftliche Fachschüler, und als wir einmal eine Exkursion nach Bad Essen machten, fuhr mein zukünftiger Mann den Bus, und so lernten wir uns kennen. Wir haben ziemlich bald geheiratet, und dann kam auch sehr schnell die Franziska. Einige Jahre später wurde mein Vater fünfundsechzig, das heißt, er wurde Rentner. Da war für uns klar, dass ich Dalheim übernehme. Ich habe den Hof gerne übernommen, obwohl ich als Ausbildungsreferentin einen sehr interessanten Job hatte. Diesen Betrieb zu führen, ist nicht einfach, und ich bin mit Sicherheit nicht die typische emanzipierte Frau. Aber hier muss ich wirklich meinen Mann stehen, mir bleibt nichts anderes übrig. Ich würde mich auch mal gerne ein bisschen mehr verwöhnen lassen, aber so lange ich finanziell einigermaßen über die Runden komme und gesund bleibe, bin ich zufrieden und will nicht klagen. Die wirtschaftlichen Bedingungen für die Landwirtschaft sind denkbar schlecht, und diese Situation führt die Menschen nicht unbedingt zusammen. Da wir ein schönes Eigentum besitzen, gibt es auch viel Neid und Missgunst. Wir haben Ackerbau, wir haben Wald, wir haben Grünland, das verpachtet ist, wir haben ein paar Teiche mit Karpfen und Forellen. Und wir haben einige Ferienhäuser. Ich bewirtschafte alles allein mit einem Mitarbeiter, den ich auch außerbetrieblich für die Pflege der Klosteranlage einsetze.

Über betriebswirtschaftliche Zusammenhänge kann ich mit meiner Mutter nicht reden. Aber ich erzähle ihr alles, was ich im Betrieb mache, ob ich ernte oder, so wie heute, drille oder ob ich unten im Tal für den neuen Bau die Pfosten ausmesse. Das ist auch meine Pflicht. Ich verheimliche ihr nichts und würde nie einen Quadratzentimeter verkaufen, ohne sie zu fragen. Wir haben Gemeinsamkeiten im landwirtschaftlichen

FRANZISKA FRINTROP-VOGT

Bereich. Meine Mutter ist ja auch gelernte Bäuerin und hat eine landwirtschaftliche Ausbildung gemacht. Deswegen kann ich mit ihr über grundsätzliche Sachen im Ackerbau gut sprechen. Da kann sie mir auch helfen, denn sie hat sehr viel Erfahrung.

Konflikte zwischen uns gibt es schon mal, weil sie mittlerweile ein bisschen schlechtes Gedächtnis hat, und ich ihr immer rate, sich nicht zu viel zuzumuten und sich alles aufzuschreiben. Sie ist da ein wenig starrsinnig, und dann geht ab und zu etwas schief. Sie verwaltet die Ferienhäuser, und da darf nichts daneben gehen. Da wird sie schon mal ärgerlich, wir sagen uns die Meinung, und dann wird die Tür zugemacht. Das ist aber schnell wieder vergessen. Wir haben jeden Tag miteinander zu tun, da können wir nicht tagelang böse aufeinander sein. Ich versuche auch, Konflikte zu vermeiden. Es ärgert mich aber, dass sie sauer ist, wenn Sonntags keiner in der Kirche ist.

Manchmal habe ich ein schlechtes Gewissen, weil ich denke, ich müsste mich eigentlich mehr um sie kümmern. Aber ich habe immer so viel um die Ohren. Um viertel vor acht treffe ich mich mit meinem Mitarbeiter. Da wird besprochen, was draußen zu tun ist. Das muss man ja wegen des Wetters jeden Tag wieder neu überlegen. Dann ist mal etwas kaputt gegangen, und eine andere Arbeit ist vorrangig. Dann fahre ich meistens raus aufs Feld. Irgendwann im Laufe des Vormittags mache ich meinen Haushalt, und gegen Mittag koche ich. Nachmittags bin ich auch fast immer draußen. Meine schriftlichen Arbeiten mache ich am Wochenende, und lesen muss ich auch noch recht viel. Wenn ich ihr mal etwas Gutes tun will, und wir uns mal wirklich in Ruhe unterhalten wollen, machen wir eine kleine Tour mit dem Auto. Auch wenn ich nur meine Tochter nach Warburg zum Bahnhof bringe, fährt sie mit und freut sich, dann ist sie glücklich. Aber sie selbst fährt nicht mal los, obwohl eine Schwester von ihr in Warburg wohnt und die andere in der Nähe von Warburg. Ich sage ihr

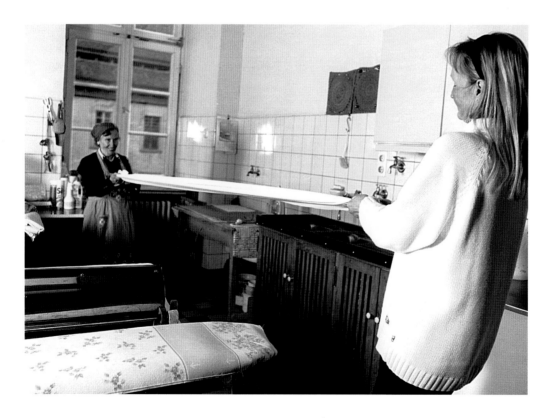

68   FRANZISKA FRINTROP-VOGT

immer wieder, sie soll doch mal ihre Schwestern besuchen oder ihre Freundin aus Paderborn einladen. Doch das macht sie nicht. Sie sagt dann immer: Das hat Vater früher gemacht.

Ich möchte, dass meine Mutter glücklich ist, dass sie nicht einsam ist. Sie hat ja relativ früh geheiratet und war immer das Anhängsel meines Vaters, die treue Ehefrau, auch wenn sie immer ihren eigenen Kopf hatte und manches gemacht hat, was mein Vater nicht zu wissen brauchte. Wenn wir hier ausziehen, kommt sie natürlich mit. Das ist klar. Wir bauen für sie eine Einliegerwohnung; in der Landwirtschaft nennt man das Altenteil. Und später, wenn mein Mann und ich alt sind, dann werden wir selbst in das Altenteil ziehen. So lange es irgendwie möglich ist für mich und ich das schaffen kann, bleibt meine Mutter bei uns. Es gibt ja auch die ambulante Pflege. Sie weggeben wäre das Allerletzte, was ich machen würde. Und das hat nicht nur mit Pflichterfüllung zu tun.

Wenn ich meiner Mutter mal etwas Gutes tun will, und wir uns mal wirklich in Ruhe unterhalten wollen, machen wir eine kleine Tour mit dem Auto. Auch wenn ich nur meine Tochter nach Warburg zum Bahnhof bringe, fährt sie mit und freut sich, dann ist sie glücklich.

MARIA FRINTROP

Ich bin auf dem Lande in der Nähe von Paderborn geboren und war die Älteste von vier Töchtern. Da der Sohn fehlte, hatte ich meinem Vater versprochen, dass ich Landwirtschaft studieren würde. Doch daraus wurde leider nichts, weil ich dann geheiratet habe. Die Landwirtschaftslehre durfte ich im ersten Jahr auf dem elterlichen Hof machen; im zweiten Jahr kam ich nach Dalheim, wo ich meinen Mann kennen lernte. Das Klostergut Dalheim war zu der Zeit noch eine staatliche Domäne. Wir hatten viel Vieh und viele Hilfskräfte. Mein Schwiegervater war zunächst Pächter, und als der Staat die Domäne abgeben wollte, konnte er einen Teil kaufen; der andere Teil wurde an elf Siedler verkauft. Inzwischen gehören die vielen Gebäude dem Landschaftsverband. Wir wohnten hier im Haus mit den Schwiegereltern und vielen anderen zusammen, zum Teil Flüchtlinge und Evakuierte. Wir hatten einen Großhaushalt mit einer Köchin, drei Angestellten und einem Gärtner, der den Garten und den großen Gemüsegarten pflegte, der wunderbar, wie in einem Treibhaus, zwischen den Mauern lag.

Das ist heute alles anders, wir machen das nur noch mit eigenen Kräften. Damals musste ich mich sehr auf den großen Haushalt einstellen, weil ich zu Hause nicht so viel davon mitbekommen hatte. Mit der Hilfe meiner tüchtigen Schwiegermutter und auch meiner Mutter habe ich versucht, mir die Qualitäten meiner Schwestern, die sehr gute Hausfrauen waren, anzueignen. Mit meiner Schwiegermutter kam ich gut zurecht, obwohl sie sehr streng war. Ich hätte nie gewagt, irgendetwas anders zu machen, als sie es wollte. Und mein Schwiegervater war wirklich nett zu mir. Er glich alles aus. Zu meinem Vater hatte ich ein besseres Verhältnis als zu meiner Mutter. Aber ich habe meine Mutter später nach Dalheim geholt und die letzten Monate vor ihrem Tod hier gepflegt.

Die Schwangerschaft mit Franziska verlief ganz reibungslos. Franzis wurde hier im Haus geboren. Der Hausarzt und die Hebamme waren da, und meine Nichten lachten mich aus, weil Franzis ein so großes Kind war bei meiner kleinen Statur. Franziska ging als Jüngste so ihren Weg. Ich war nicht streng mit den Kindern und ließ ihnen ihre Freiheit, damit sie spielen konnten. Franzis war sehr zutraulich, nicht so verschlossen wie meine älteste Tochter, die sich immer zurückzog. Ich glaube, Franziska war nicht so liebesbedürftig, aber sie sollte natürlich auch nicht hintanstehen. Mit ihren Ergebnissen in der Schule war ich zufrieden, so lange sie nicht sitzen blieb. Als sie größer wurde und einsah, dass sie für die Schule etwas tun musste, wurde sie dann von selbst besser. Franzis wusste immer schon, was sie wollte, und sie konnte sich gut durchsetzen. Ihre ältere Schwester kam gar nicht so gut an sie heran. Das ist bis zum heutigen Tage so. Dieses Durchsetzungsvermögen kommt Franzis heute zugute, denn es sind nicht nur nette Menschen, die uns begegnen. Jetzt, wo mein Mann nicht mehr lebt und nur wir beiden Frauen da sind, nutzen manche Leute das aus und machen Schwierigkeiten. Mein Mann hat mir damals in seinem Testament alles übertragen, aber ich habe gesagt: Franzis, es ist besser, du übernimmst den Hof schon jetzt, denn später musst du ihn sowieso übernehmen.

Franziska war ein echtes Landkind und war immer draußen. Sie hatte Kleinvieh, Hunde und Pferde, an die sie niemand anderen heran ließ. Als Kind saß sie dauernd auf den Pferden. Und weil sie so viel Freude mit allem hier hatte, vor allem mit den Tieren, kam es ganz von selbst, dass sie in der Landwirtschaft blieb und Agrarwissenschaft studierte. Wir wohnten hier sehr abseits von allem, und die Pubertät kam bei Franziska eigentlich erst in der Zeit ihres Studiums. Da hatte sie immer mal wieder einen anderen Freund, nichts Beständiges. Ihre Freunde brachte sie mit nach Hause, da hatte sie keine Hemmungen, aber sie hielt sich doch

> Wir waren uns immer einig, und wenn irgendetwas war, kam sie zu mir und erzählte mir davon. Ich beruhigte sie dann, so gut es ging, und sagte ihr, dass sie sich die Dinge nicht so zu Herzen nehmen sollte.

immer an unsere Regeln. Man konnte mit ihr über alles sprechen, und sie richtete sich danach, vielleicht um des lieben Friedens willen. Durch das Landwirtschaftsstudium hatte sie natürlich Bekannte mit gleichen Interessen. Aber letztendlich hat sie dann keinen Landwirt geheiratet. Ihr Mann hat ein Busunternehmen in Detmold; das führt er auch weiter, weil seine Eltern sich das wünschen. Dadurch ist er nicht häufig hier. Franziska ist mit dem Hof richtig alleine, und sie ist froh darüber, dass sie mich noch hat. Es ist nicht leicht für sie. Ich mache in erster Linie den Garten und hier im Haus alles, was mich anguckt, was gemacht werden muss. Auf den Feldern mache ich gar nichts; ab und zu macht Franzis mit mir eine Runde und zeigt mir, was sie angebaut hat, weil ich ja auch etwas davon verstehe. Manchmal lässt sie sich auch von mir beraten, besonders, wenn sie eine Anschaffung machen muss, eine Maschine zum Beispiel. Dann kommt sie und fragt: Kann ich das wohl machen? Ich weiß nicht, ob ich ein Vorbild für sie war. Wir waren uns immer einig, und wenn irgendetwas war, kam sie zu mir und erzählte mir davon. Ich beruhigte sie dann, so gut es ging, und sagte ihr, dass sie sich die Dinge nicht so zu Herzen nehmen sollte. Sie versucht zwar, sich nach meinen Ratschlägen zu richten, aber ab und zu kann sie sich doch nicht zurückhalten. Dann bricht ihre Veranlagung wieder durch, und sie ist bissig und ärgert sich und kann diese Dinge nicht von sich wegschieben.

Eigentlich bin ich einverstanden, wie Franzis lebt, ich bin nur insofern ein bisschen unglücklich, weil sie als Mutter so allein mit ihren drei Kindern ist und ihren Mann auf dem Hof nicht zur Hand hat und alles selbst entscheiden muss. Die Lage der Landwirtschaftsleute und ihre Probleme machen das Miteinander sehr schwer. Meine Tochter verteidigt sich – das hätte ich nie gemacht. Mein Mann hat sich immer durchgesetzt, aber damals war es für ihn auch leichter. Und vor allem mein Schwiegervater war sehr, sehr zugänglich für die Leute

und hat für alle etwas getan. Heute ist es so, dass Franzis diejenige ist, die das Sagen hat. Ich richte mich nach ihr. Denn ich kann in meinem Alter wohl diejenige sein, die ausgleicht, aber nicht diejenige, die bestimmt und kämpft. Kürzlich hatte ich eine Auseinandersetzung mit einem unserer früheren Mitarbeiter, der zu Franzis böse war. Franzis ärgerte sich ganz schrecklich, und darum habe ich nachts überlegt: So, morgen früh frühstückst du, ziehst dir etwas an und gehst zu dem Mann. Und dann habe ich zu ihm gesagt: Haben Sie sich mal überlegt, wie Sie an diese Häuser gekommen sind? Dafür hat mein Mann gesorgt. Und heute, wo Sie pensioniert sind, danken Sie es unserer Generation oder der kommenden Generation mit so viel Ärger und dummen Reden und erzählen Unwahrheiten über Dinge, die Sie gar nichts angehen. Das habe ich zu ihm gesagt, und dann hatte ich ihn so weit, dass er weinte. Da habe ich gesagt: Komm, wir vertragen uns wieder! Und seitdem ist alles in bester Ordnung. In der Kirche sitzen wir nebeneinander, singen um die Wette und stoßen uns jedesmal ordentlich an.

Ich bin häuslich und mache hier Telefondienst, wenn meine Tochter auf dem Feld ist. Ich habe so ein kleines Handy, für den Fall, dass ich im Garten bin. Dort funktioniert es allerdings schlecht, wegen der dicken Mauern. Ich stehe hier jedenfalls Gewehr bei Fuß. Franzis kommt selten zu mir herauf, nur, wenn sie etwas holen muss, oder, wenn mal irgendetwas bei ihr ganz schiefläuft. Dann kommt sie und muss sich bei mir Luft machen. Aber sonst sehen wir uns nicht so viel. Ich gehe auch nicht viel nach unten. Ich will sie nicht bei irgendeiner Sache stören. Wenn ich ihr etwas zu sagen habe, nehme ich lieber das Telefon. Ich würde mir wünschen, dass mein Schwiegersohn zeitlich wieder mehr Luft hat und mehr bei seiner Familie ist, damit nicht alle Probleme auf Franzis abgeladen werden. Es ist einfach zu viel für sie. Wir werden aus diesem großen Gebäude

MARIA FRINTROP

MARIA FRINTROP

Die Lage der Landwirtschaftsleute und ihre Probleme machen das Miteinander sehr schwer. Meine Tochter verteidigt sich – das hätte ich nie gemacht.

ausziehen, das steht fest. Der Landschaftsverband hat es schon übernommen. Mein Mann hat in seinem Testament geschrieben: Das Haus wird erst dann von anderen besetzt, wenn meine Frau drei Jahre tot ist. Ich will hier aber nicht bis zu meinem Tode bleiben. Ich bin häufig etwas irritiert und verlaufe mich manchmal im eigenen Haus.

Franzis hat mir unten im Tal die Baustelle gezeigt: Hier kommt das und das und das hin. Ich hätte ein paarmal fragen müssen, habe ich aber nicht getan. Das Wohnhaus kommt unten hin, nicht ganz in Ortsnähe. Wenn ich sage, geh doch lieber ein bisschen mehr zum Ort, du weißt doch, was wir für unsichere Zeiten haben, antwortet sie: Mutter, ich habe mein Gewehr. Ich kann mich wehren. Ich habe keine Angst. Ich habe dort unten ein Häuschen für mich. Es ist gut, wenn wir eine enge Verbindung haben, aber so, dass sie für sich ist, und ich für mich bin.

»Ich fand es immer schön, dass Dorothea so viel hat, was ich nicht habe. Dieses Bewegliche, dieses Spontane. Sie hat so etwas Großzügiges und Reizendes, auch so etwas Leichtes.«

WIEBKE HAGENA

DOROTHEA ANNA HAGENA

»Obwohl meine Mutter so anders ist als ich und ich als Frau ganz anders lebe als sie, hat sie mir ein gutes Frauenbild vermittelt.«

DOROTHEA ANNA HAGENA

Als kleines Mädchen durfte ich sehr viel ausleben. Ich durfte mein Bett eincremen, durfte kochen und hatte viele Tiere. Ich war ein sehr temperamentvolles und eher unvorsichtiges Kind, das nicht still sitzen konnte. Ich hatte etliche Unfälle und war ständig in der Ambulanz. Meine Mutter gestaltete das Leben sehr kinderfreundlich. Wir lebten in einer kirchlichen Einrichtung, die damals so eine Art Kommunencharakter hatte. Es gab Kinderheime, die Heimschule, den Kindergarten und den Kinderhort für die Mitarbeiterkinder. Die Mitarbeiter wohnten auch auf dem Gelände und die Schule, in der meine Mutter von morgens bis mittags unterrichtete, lag gleich neben meinem Kindergarten. Es war alles sehr ländlich, mit großen Wiesen, mit Schweinen und Kühen. Es gab auch eine richtige Landwirtschaft und eine Wäscherei. Da ich immer draußen spielte und mich in der Natur ohne Aufsicht frei bewegen konnte, hatte ich immer das Gefühl, dass meine Mutter anwesend war. So habe ich mich nie einsam gefühlt. Wir Kinder waren auch mit kleinen Pflichten in das gemeinschaftliche Leben eingebunden. Ich sollte zum Beispiel in dem Alten- und Pflegeheim zwei, drei ältere Menschen mit betreuen.

Was für mich damals selbstverständlich war, wird mir jetzt zum großen Geschenk, nämlich, dass meine Mutter mich in meinem Naturell immer so belassen hat, sodass ich mich frei entwickeln konnte. Sie versuchte manchmal, mein Temperament in eine Form zu bringen, sei es mit Sprachübungen oder musikalischer Erziehung, mit Gedulds- und Konzentrationsübungen. Das war sicher nicht so einfach. Und doch habe ich es nicht als schwer empfunden. Meine Kindheit war wirklich sehr schön, und sie hat mich gestärkt für spätere Probleme. Auch in der Familie gab es eine gute Zeit. Dann war die Kindheit zu Ende und mit der Pubertät kam auch die Ehekrise der Eltern. Auf einmal wandelte sich etwas. Mein Vater trank sehr viel und konnte schlecht mit Geld umgehen. Für meine Mutter war das sehr belastend. Sie musste sich um alles auf einmal kümmern:

den Beruf, die Kinder und auch meinen Vater, den sie geliebt hat, aber der keine Vaterfunktion übernahm. Von einem gewissen Alter an nimmt man solche Probleme wahr, und da Probleme bei uns nicht unter den Teppich gekehrt, sondern auch mit meinen Großeltern, die nebenan wohnten, besprochen wurden, habe ich sie nicht verdrängt, sondern mitempfunden und auch mitgelitten. Ich wurde Gesprächspartnerin, übernahm Verantwortung und wollte meine Mutter entlasten. Ich sah, wenn sie etwas beschäftigte, wenn sie traurig war, wenn es ihr nicht gut ging und war dann Zuhörerin oder Ratgeberin. Das hat mich sehr geprägt, und unsere Unterhaltungen, unsere Gespräche setzen sich bis heute fort. Ich habe dabei gelernt, dass auch Schwierigkeiten zum Leben gehören. Natürlich war es auch schwer, weil man die eigene Mutter ja nicht gern leiden sieht. Wir hatten jeden Nachmittag eine Teestunde, sodass wir immer im Gespräch waren. Dieses Sich-durch-das-Leben-Begleiten war für uns selbstverständlich, ob sie mich in der Schule unterstützte oder mir von ihren Erlebnissen erzählte. Ich war ihr sehr nahe, und dann kam die Abnabelung. Meine Eltern trennten sich, als ich vierzehn, fünfzehn war. In dieser Zeit gab es auch Konflikte zwischen mir und meiner Mutter. Ich habe ihr Zuspruch gegeben, weil ich sah, dass sie litt, sich wegen uns aber nicht von meinem Vater trennen wollte. Ich habe ihr gesagt, tu es endlich, er tut dir und uns nicht gut. Mein Vater ist dann ausgezogen. Meine Mutter litt natürlich unter der Trennung und machte eine schwere Phase durch. Damals habe ich mich erst mal intuitiv von ihr distanziert. Mir wurden die Probleme zu viel, und ich spürte, dass die Zeit gut und reif war. Von einem gewissen Punkt an muss man sich abgrenzen. Das hat nichts mit mangelnder Liebe zu tun, man liebt den Menschen trotzdem. Mit siebzehn bin ich dann ausgezogen, ich blieb aber in der Nähe. Ich hatte das Gefühl, meinen eigenen Weg gehen zu müssen. Ich war ganz ohne Schuldgefühle, weil ich mich nie in irgendeiner Weise verpflichtet gefühlt habe, das tue ich bis heute nicht. Ich lasse mich nicht stören in meiner Reise. Das ist das Verdienst

Für mich ist ganz klar: Ich bin eine Muttertochter. Ich habe eine Verbindung zu meiner Mutter, die nie abreißen wird und die mich durch mein ganzes Leben trägt. Das gibt mir Halt und Sicherheit. Ich darf Tochter sein. Das ist eine Rolle und eine Aufgabe, und es ist auch ein ganz großes Glück. Ich habe zu meiner Mutter eine andere und viel tiefere Bindung als ich sie zu meinem Vater hatte. Unter Mutter-Tochter-Beziehung verstehe ich gegenseitige Verantwortung, Freundschaft, Mitgefühl, auch ein gemeinsames Leben leben. Ich kann mir meine Mutter nicht weg denken.

DOROTHEA ANNA HAGENA

meiner Mutter, so hat sie mich erzogen, selbst wenn sie das in einer Krise vielleicht anders sah. Klar, das Loslassen ist schwierig. Aber dass ich so bin wie ich bin und das auch erkennen kann, dafür bin ich unendlich dankbar.

Meine Mutter hat mir Strukturen gegeben, die ein großes Geschenk sind. Zum Beispiel die Musik. Wir hatten auch immer viele Gesprächsthemen – meine Mutter hat viele Interessen –, und ich merke jetzt, worauf ich zurückgreifen kann. Obwohl meine Mutter so anders ist als ich und ich als Frau ganz anders lebe als sie, hat sie mir ein gutes Frauenbild vermittelt. Das ist mir eigentlich jetzt erst klar geworden. Sie ist ein Mensch, der nicht auf Äußerlichkeiten achtet. Ich bin durch ein anderes Kunstinteresse viel mehr am Äußeren interessiert. Wir sahen nie gleich aus, deshalb waren wir auch nie in einer Konkurrenzsituation. Sie freut sich, wenn es mir gut geht und wenn mich andere attraktiv finden. Und ich freue mich, wenn sie sich wohl fühlt. Ich bin auch gerne Hausfrau, ich koche gern und bekoche auch gern jemanden. Vielleicht liegt das an meinen griechischen Wurzeln. Meine Mutter tut das nicht gern, sie bedient nicht gern einen Mann. Sie liest lieber oder unterhält sich, aber sie denkt nicht daran, für ihren Mann ein Hemd zu bügeln. Für meinen griechischen Vater war das schwer, meine Mutter hat überhaupt nicht verstanden, was er wollte. Sie war sehr untypisch für ihre Zeit. Sie nahm sich die Freiheit, sich als eigenständiges Wesen zu sehen, genauso wie sie meinen Vater als eigenständiges Wesen sah. Eigentlich bin ich viel partnerfixierter als sie. Das habe ich erst durch meine erste eigene größere Lebenskrise und die Schwierigkeiten, die ich mit meinem Mann in der Partnerschaft hatte, erkannt. Da konnte ich wirklich verstehen, wodurch meine Mutter gegangen ist und was sie gelebt hat.

Ganz besonders geprägt bin ich durch die Menschenliebe meiner Mutter. Sie hat sich immer um Menschen gekümmert und in ihrem Beruf auch um verlorene Kinder, die heute noch Kontakt zu ihr haben. Diese Men-

schenliebe schätze ich an ihr ganz besonders. Wenn ich einen Irrweg gegangen war, konnte sie mich immer wieder zurück zu mir führen, auf das, was mich glücklicher macht. Sie kennt ja meinen Ursprung, das, was mich ausmacht. Das kann eigentlich kaum ein anderer Mensch so gut sehen wie die Mutter, wenn man mit ihr so nah zusammen gelebt hat und so stark im Austausch war. Sie war mir allerdings bewusst kein Vorbild. Ich bin ganz anders als sie und wollte es manchmal auch bewusst sein. Erst jetzt, wo ich älter werde und mein Leben schon ein bisschen geebneter ist, ich einen anderen Lebensteppich habe, wird sie allmählich für mich in gewisser Weise Vorbild, weil ich bestimmte eigene Erfahrungen gemacht habe und manches von früher anders verstehe.

Wir gehen auf sehr unterschiedliche Weise mit Konflikten um. Meine Mutter ist empfindlich, wenn man mit ihr den Konflikt direkt anspricht. Sie scheut sich davor, aber ich lasse nicht locker. Ich insistiere und will alles genau besprochen und ganz klar haben. Ich kann es nicht ertragen, dass meine Mutter sich so viel gefallen lässt, das macht mich wütend. Das war schon früher so, und ich habe sie schon sehr früh verteidigt. Andererseits ist sie ein sehr vernünftiger Mensch, auch sehr vorsichtig. Sie war immer ruhig und bedacht, und wenn sie mir Ratschläge gab, wurde ich auch manchmal ungeduldig. Aber ich möchte sie nicht verletzen, und wenn ich doch mal unmöglich zu ihr war, tat es mir schnell wieder leid. Wir sind nie ungut auseinander gegangen. Das ist fürchterlich für uns, das können wir gar nicht. Wenn wir Streit hatten, haben wir uns abends wieder gute Nacht gesagt und uns in den Arm genommen. Dann war alles wieder gut. Wenn meine Mutter jetzt zu Besuch bei mir in Hamburg ist, kommt sie immer noch an mein Bett und sagt mir wie früher gute Nacht. Dann fühle ich mich wieder wie ein Kind. Manchmal mag ich es auch nicht, je nach Laune, aber meistens habe ich es gerne und würde es sehr vermissen, wenn sie es nicht täte.

Mein Tochtergefühl war in den verschiedenen Lebensphasen ganz unterschiedlich.

DOROTHEA ANNA HAGENA

Wenn man erkennt, was alles zum Leben gehört und wie komplex der Mensch ist, kann man nicht für alles seine Eltern oder sein Glück verantwortlich machen. In diesem Sinne kann ich auch mit meinem Vater umgehen. Durch ihn lebe ich in zwei Kulturen. Mein Vater war ein Halodrie, der aber verrückte Dinge mit mir gemacht hat, wie sie sonst kein Vater macht. Ich wäre nicht so wie ich bin, wenn mein Vater nicht so gewesen wäre, denn ich habe viel von ihm. Andererseits hatte ich das große Glück, einen Großvater zu haben, der die Vaterrolle übernahm. Er war ein guter Gesprächspartner, ein intellektueller Typ. Deswegen ist es in Ordnung. Vieles ist ungut gelaufen. Mein Vater lebt jetzt nicht mehr, aber ich war zum Schluss bei ihm. Er ist so gestorben wie er gelebt hat, und man kann es mit einer großen Portion Humor nehmen.

Wenn ich eine Tochter hätte, würde ich bestimmte Dinge gerne genauso machen wollen wie meine Mutter sie gemacht hat. Ich wünsche mir, dass ich, so lange meine Mutter lebt, ein gesundes und glückliches Leben habe, und dass auch meine Mutter zufrieden und glücklich ist. Das wünsche ich mir für ihren letzten Lebensabschnitt. Ich glaube, das Entscheidende ist, dass man dankbar ist.

Es ist mir jetzt noch einmal klar geworden, dass ich eine wirklich schöne Kindheit hatte. Und dass mich diese Kindheit durch die Schwierigkeiten des Lebens getragen hat.

DOROTHEA ANNA HAGENA 83

Ich bin als Einzelkind aufgewachsen, und die ganze Liebe und Aufmerksamkeit meiner Eltern konzentrierte sich auf mich – eine unglaubliche Liebe, die mir später manchmal zu viel und fast erdrückend wurde. Darum wollte ich mindestens zwei Kinder haben.

WIEBKE HAGENA

Dorothea war ein unglaublich spontanes, lebhaftes Kind, immer in Bewegung, tänzerisch, sich freuend. Sie hatte besonders in der Kleinkindzeit eine starke Bindung an ihren Vater, von dem sie auch viel geerbt hat, zum Beispiel das Lebendige, Spontane. Er war für Spiele und Abenteuer zuständig, er veranstaltete zum Beispiel wunderbare Kindergeburtstage. Durch den griechischen Vater wuchsen die Kinder auch mit der griechischen Kultur auf, und wenn wir in Griechenland waren, waren sie ganz die griechischen Kinder. Dennoch waren sie doch mehr an mich gebunden, und die Beziehung zwischen Dorothea und mir hat sich schon früh sehr eng gefügt. Die Organisation des Alltags, die Schule, das alles nahm ich in die Hand, und deshalb war ich insgesamt auch eher Alleinerziehende. Als ich die Anstellung beim evangelisch-lutherischen Wichernstift im Oldenburgischen bekam, wo es auch einen Kindergarten für Mitarbeiterkinder gab, lebte Dorothea im Zusammensein mit den anderen Kindern so richtig auf. Die Kindergärtnerin hatte nicht nur Freude an ihr. Dorothea musste manchmal auch reglementiert werden, wenn ihr Temperament übersprühte. Richtig streng war ich mit meinen Kindern eigentlich nicht. Zwischen uns war so viel Wärme und Zärtlichkeit, dass es mir manchmal schwer fiel, richtig durchzugreifen. Ich habe immer eher versucht, zu erklären, warum wir etwas machen. Die Gefahr des Bemutterns war bei mir wohl nicht groß, weil ich meine Liebe auch den Schulkindern, die ich unterrichtete, schenkte. Ich konnte meinen eigenen Kindern, Franz und Dorothea, immer wieder viel Freiraum lassen. Die Struktur des Tages war natürlich vorgegeben, weil ich zu einer bestimmten Zeit in der Schule sein musste, und wenn ich dann noch Frühaufsicht hatte, konnte ich mir morgens keine großen Freiräume erlauben. Da gab es dann manchmal Probleme mit den Kindern, beim Waschen und Anziehen. Unser Leben in der Gemeinschaft gestaltete sich sehr schön. Die Kinder hatten Zugang

> Dorothea und ich sind ständig im Gespräch, das Miteinander-Sprechen ist der eigentliche Schwerpunkt unserer Beziehung. Wir setzen uns mit uns und der Umwelt auseinander.

zu den verschiedenen Bereichen, Dorothea fühlte sich wohl und war bei allen beliebt. Das war eine kolossale Erleichterung, und so konnte ich bestärkt meinen anstrengenden Unterricht mit den Schulkindern bewältigen. Ich hatte damals das Gefühl von unendlicher Kraft.

Als Dorothea in die Pubertät kam, befand ich mich in der Ablösungsphase von Pavlos, meinem langjährigen Lebensgefährten. Das hat mein Leben sehr erschüttert. Pavlos war meine große Liebe, und die Kinder gehörten dazu. Durch ihn hatten wir dieses Griechische erlebt, das so viel Lebendigkeit und Leichtigkeit hatte. Und davon musste ich mich nun verabschieden. Obwohl ich den Beruf durch Routine weiter bewältigen konnte, fiel mir der Prozess der Ablösung sehr schwer. Im Privaten hatte ich vorher noch nie eine so schwierige Phase durchlebt. Dorothea wurde zu dieser Zeit sehr kritisch, sie hinterfragte alles und beobachtete ständig. Sie erlebte mich in schwachen Situationen. Bis dahin hatte ich immer alles bewältigt, und nun merkte meine Tochter, dass ihre Mutter das nicht mehr schaffte. Dadurch, dass sie sich hin und wieder abgrenzte, half sie mir wahrscheinlich, meine Situation zu überdenken. Ich bezog sie in diese Beziehungskrise mit ein, und sie war auch verbal in der Lage, zu allem Stellung zu nehmen. Ich erkannte damals aber nicht, dass ich sie damit restlos überforderte. Sie brauchte eine feste Orientierung, eine Person, die ihr den Weg zeigte. Dennoch habe ich von ihr gelernt, über das zu sprechen, was mich selbst betrifft. Sie konnte die schwammigen Formulierungen, die man benutzt, wenn man etwas verdrängen will, nicht ertragen und brachte mich dazu, aufrichtig zu mir selbst zu sein, ohne dass ich dabei mein Gesicht verlor.

Mit siebzehn nahm sie dann eine eigene Wohnung. Das war sehr schwer für mich. Es dauerte lange, bis ich mich wieder fing. Aber dadurch, dass Dorothea und ich so viel gemeinsam durchlitten und durchgearbeitet

WIEBKE HAGENA

haben, sind wir uns wieder sehr nah gekommen. Wenn man in der Krise steckt, guckt man eigentlich nicht über den Tellerrand. Aber Dorothea – das soll jetzt nicht wie eine Laudatio auf die Tochter klingen – ist in der Lage, zu sondieren und meine schwere Zeit als Reifeprozess einzuordnen. Ich war einesteils zwar reif genug, um mit schwierigen Schulkindern umzugehen, aber wohl nicht reif genug für meine eigenen Probleme. Dorothea war eigentlich früher erwachsen als ich. Ich hatte bei meinen Eltern eine besondere Art Ehe erlebt und hatte dieses Bild noch in mir. Als ich mich dann in Pavlos verliebte, wurden durch diese Liebe neue Kräfte frei. Mit ihm ist bei mir etwas aufgesprungen, ein unglaubliches Lebensgefühl, das ich vorher nie erlebt hatte und das sicher auch mit diesem Griechischen zu tun hatte.

Ich finde es beachtlich, wie Dorothea sich die Beziehung mit ihrem Mann richtig erarbeitet hat; die beiden haben inzwischen ein unglaublich positives Fundament gefunden und können darauf aufbauen. Ich mag Michael sehr gern. Deswegen hat es mich bedrückt, als es mal nicht so gut lief. Aber ich denke, dass die beiden wunderbar zusammen passen und sich ergänzen. Dorothea ist sehr kreativ und fantasievoll. Gleichzeitig ist sie aber auch sehr empfindsam. Michael dagegen verkörpert etwas Bodenständiges.

Dorothea und ich sind ständig im Gespräch, das Miteinander-Sprechen ist der eigentliche Schwerpunkt unserer Beziehung. Wir setzen uns mit uns und der Umwelt auseinander. Schon früher fand unser Austausch vorrangig in der Küche bei ausgedehnten Frühstücken statt. Das hat sich bis heute erhalten. Wenn meine Tochter zu mir kommt, sitzen wir in der Küche und erzählen. Oder wir machen gemeinsame Spaziergänge mit Helmut, dem Hund. Auf diesen Gängen können wir alles austauschen, was sich angesammelt hat, was man sich am Telefon nicht mitteilen kann.

Dass sie die Schauspielausbildung gewählt hat, fand ich einesteils wunderbar. Ich wollte ihr keine Steine in den Weg legen, weil ich wusste, dass dieser Beruf zu ihr passt. Auf der anderen Seite wusste ich aber durch die Tätigkeit meiner Mutter als Kostümbildnerin am Opernhaus, dass es für Dorothea sehr schwer werden könnte, weil sie ihre Jugendzeit in so großer Arglosigkeit erlebt hatte. Sie hat dann auch tatsächlich viel Ungereimtes und Hässliches mit Menschen erlebt. Manchmal hatte ich die Befürchtung, dass sie dafür nicht stabil genug ist. Sie ist zwar robust und hat eine unglaubliche Vitalität, aber gleichzeitig ist sie eben auch sehr sensibel. Man muss schon eine gewisse Härte entwickeln, um damit umgehen zu können, um sich nicht zu beugen. Und beugen will sie sich nicht. Sie hat mal gesagt, ich gehe lieber putzen, als dass ich mich für eine Sache hergebe, die ich mit meinem Herzen nicht verantworten kann. Wenn Dorothea Aufführungen hat, beschäftige ich mich mit dem Drehbuch, sehe mir die Premiere und manchmal noch die letzte Aufführung an. Daraus ergeben sich dann intensive Gespräche. Ich begleite sie bei vielem, was sie macht, zum Beispiel war ich dabei, als sie aus einem Werk von Dorothy Parker gelesen hat. Ich habe mir vorher das Buch besorgt, darin gelesen und habe dann darauf geachtet, welche Auswahl sie getroffen hat. Ich bin immer am Ball und nehme mir die Zeit, über ihre Projekte zu lesen oder auch eigene Gedanken dazu zu entwickeln. Dorothea fragt mich auch: Mama, wie fandest du das, oder sie möchte wissen, ob ich etwas anders gestaltet hätte. Ich will sie nicht nur in den Himmel heben und loben, weil sie die eigene Tochter ist, sondern ich möchte auch kritisch sein. Als sie zum ersten Mal auftrat, war ich natürlich in einem Zwiespalt. Ich konnte es gar nicht begreifen, dass das meine eigene Tochter war. Ich habe nicht so sehr auf die Darstellung geachtet, sondern vor allem meine Tochter mit den Augen der Mutter gesehen. Das war wunderschön, und ich war unglaublich stolz. Ich habe sehr darüber gestaunt, wie sie

Ich bin heilfroh, dass meine Mutter so gelebt hat, so pur wie das Leben war.

sich sprachlich entwickelt und wie sie sich diszipliniert hat. Heute gucke ich dann schon, wie sie etwas macht, oder ob sie eine Figur richtig verkörpert. Ich fand es zum Beispiel toll, wie sie im Dschungelbuch die Wolfsmutter gespielt hat. Da habe ich nicht mehr nur meine Tochter, sondern wirklich die Darstellerin gesehen.

Ich fand es immer schön, dass Dorothea so viel hat, was ich nicht habe. Dieses Bewegliche, dieses Spontane. Sie hat so etwas Großzügiges und Reizendes, auch so etwas Leichtes, eben viel von der griechischen Mentalität. Ich habe von meinem Vater das Komplizierte geerbt. Das Zögernde und Abwägende. Dorothea tut es einfach, da wird nicht viel geredet. Ich bin zufrieden und fühle mich wohl, wenn es meiner Tochter gut geht. Wenn es ihr nicht so gut geht, leide ich. Ich wünsche mir, dass sie so glücklich bleibt, wie sie jetzt ist. Und dass sie in der Gemeinsamkeit mit ihrem Mann, in diesem starken Fundament der Liebe, immer wieder einen Kraftquell für ihre Arbeit und den Alltag findet.

»In Anjas Lächeln kommt ihr ganzer Charakter zum Ausdruck.«

ULRICH KLING

ANJA KLING

»Ich wollte immer einen Mann haben, der mit mir so umgeht, wie mein Vater mit meiner Mutter.«

ANJA KLING

Aus meiner Kindheit habe ich meinen Vater als strengen Vater in Erinnerung. Sehr liebevoll zwar, aber auch sehr streng. Unsere Erziehung war ihm sehr wichtig, besonders, dass wir uns gut benahmen und dass man sich mit uns sehen lassen konnte. Und darum hat er auch sehr an uns herumerzogen, viel mehr als meine Mutter. Er hatte blauschwarze dicke Locken, die ihm ins Gesicht fielen, und große dunkle Augen, und wenn er böse guckte, sah das ganz gefährlich aus. Ich hatte zwar keine Angst vor ihm, aber großen Respekt. Er ist jetzt viel sanfter geworden, das ist unglaublich. Ich habe ihn immer wahnsinnig verehrt und geliebt. Überhaupt fand ich alles, was meine Eltern sagten, absolut richtig und stimmig. Als Kind kam mir mein Vater wie Doktor Allwissend vor. Er hatte für alles eine Lösung und fand immer eine Antwort. Er war und ist für mich ein Anlaufpunkt, wenn ich etwas nicht begreife, sei es in der Politik oder in der Weltgeschichte. Manchmal denke ich, es klingt alles so wunderbar, wenn ich davon erzähle, dass mir selbst schlecht wird und dass es doch irgendetwas geben muss, das nicht so toll war. Aber es ist einfach so: Ich hatte wirklich eine wundervolle Kindheit. Viele Kinder sagen, wenn ich mal groß bin und selber Kinder habe, mache ich alles anders. Ich habe immer schon gedacht: Wenn ich mal groß bin und Kinder habe, kriege ich das hoffentlich genauso hin wie meine Eltern.

Wir sind weder im Reichtum, noch mit tollen Geschenken aufgewachsen. Obwohl unsere Eltern stets berufstätig und wir viel alleine waren, ist es ihnen gelungen, eine Atmosphäre für uns zu schaffen, in der wir gut groß werden konnten. Mir wird oft gesagt, dass ich ein geerdeter Typ bin, und das habe ich ja nicht mir zu verdanken, sondern meinem Elternhaus. Meine Eltern haben es geschafft, uns in die Pflicht zu nehmen, uns dabei aber auch unsere Rechte zu lassen und uns zur Selbstständigkeit zu erziehen. Sie haben es auch geschafft, dass meine Schwester und ich immer die besten Freundinnen waren. Dieses Stück Erde hier mit meinem

Das Verhältnis zu meinem Vater ist innig, aber nicht inniger als das zu meiner Mutter. Meine Mutter behauptet natürlich, dass wir beide, meine Schwester Gerit und ich, Vatertöchter sind und unserem Vater viel mehr beistehen. Das glaube ich aber nicht, es ist nur so, dass mein Vater das sanftere Gemüt hat, und Kinder logischerweise dem vermeintlich Schwächeren beistehen. Das heißt aber nicht, dass wir Vaterkinder sind.

Elternhaus ist für mich bis heute eine Insel, aus der ich Inspiration und Kraft schöpfe. Und seit ich erwachsen bin, sind meine Eltern Partner für mich.

    Mein Vater war früher ein richtiger Tobevater. Die Kindergeburtstage habe ich in besonders schöner Erinnerung. Meine Mutter hat gebacken, auch kleine Geschenke in Blätterteigtaschen, und mein Vater hat mit uns die Spiele vorbereitet und dann auch gespielt. Es gab Topfschlagen und Sackhüpfen, dieses ganze Programm, und am Ende wurde jedes Kind nach Hause gefahren. Meine Eltern waren wirklich engagiert. Als ich in der Schule war, wurde mein Vater Mitglied des Elternbeirats. Ich weiß gar nicht, wie er das zeitlich geschafft hat. Vom ersten Schultag an ging ich mit meiner großen Schwester zur Schule, weil meine Eltern immer ein bisschen früher wegmussten. Am Anfang hatte ich schon um zwölf Uhr Schluss und bin als Schlüsselkind nach Hause gekommen. Ich musste dann unseren großen Hund von der Kette machen und im Winter schnell im Keller Kohlen auflegen, damit der Ofen nicht ausging. Ich muss wirklich ein braves Kind gewesen sein, ich kann das heute überhaupt nicht mehr begreifen. Meine Eltern hatten mir gesagt: Wenn du von der Schule kommst, legst du dich ins Bett und schläfst, bis deine große Schwester kommt. Die kam gegen vierzehn Uhr oder vierzehn Uhr dreißig von der Schule. Kein Mensch hätte nachprüfen können, ob ich wirklich schlafe. Aber das war die Ansage, und das habe ich gemacht. Manchmal bin ich eingeschlafen und manchmal nicht. Dann habe ich im Bett gelegen und gewartet. Wenn meine Schwester kam, hatten wir bestimmte Aufgaben zu erledigen: abwaschen, abtrocknen und den nötigsten Einkauf machen. Dann musste ich noch Klavier üben. Und wenn die Eltern gegen siebzehn Uhr nach Hause kamen, war alles fertig. Dadurch konnten wir die restliche Zeit gemeinsam verbringen. Und am Samstag putzten wir dann alle zusammen das Haus. Jeder hatte seine Aufgabe, ich musste immer das Bad und mein Zimmer machen. Die ersten Jahre, die wir hier

wohnten, war das, was wir hatten, wirklich nicht üppig, aber wenn man es nicht anders kennt, vermisst man auch nichts. Ich kann mich erinnern, dass bei uns im Haus immer wahnsinnig viel gelacht wurde, und unsere Eltern sich wirklich Zeit für uns Kinder genommen haben.

Meine Mutter sagt immer, sie habe die Pubertät bei mir nicht bemerkt, außer vielleicht daran, dass ich häufiger als sonst in mein Tagebuch schrieb und öfter mal eingeschnappt war. Am Ende der Pubertät, als ich anfing mit Jungen aufzutauchen, gab es sicherlich kurzzeitig mal ein paar Stressmomente mit meinem Vater. Er behauptet natürlich bis heute, dass das mit Eifersucht nichts zu tun hatte, sondern dass die Jungen ihm einfach nicht richtig für mich erschienen. Mit meinem ersten festen Freund lebe ich heute noch zusammen. Er war der erste, den ich meinen Eltern als festen Freund vorgestellt habe. Mit den Jungen, die ich davor mitgebracht hatte, waren das eher Kinderfreundschaften. Mein Vater hat sich ihnen gegenüber aus meiner heutigen Sicht völlig normal verhalten. Er hat nicht gleich gesagt: Ach, ist das schön, dass du da bist, Junge. Komm rein, sei mein Schwiegersohn!, sondern hat sie ein bisschen getestet, was ich als junges Mädel natürlich furchtbar fand. Bewusst habe ich meine Freunde nie mit meinem Vater verglichen. Aber man hat mir schon gesagt, dass mein Liebster meinem Vater in vielen Dingen, natürlich nicht in allem, sehr ähnlich ist. Also offensichtlich habe ich doch unbewusst nach bestimmten Eigenschaften geguckt, nach Männern, die in Vaters Richtung gehen. Ich wollte jedenfalls immer einen Mann haben, der mit mir so umgeht, wie mein Vater mit meiner Mutter.

Solange ich denken kann, wollte ich immer Medizin studieren. Meinem Vater hätte das sehr gut gefallen. Kurz nach der Pubertät überredete mich dann meine Schwester, die damals schon an der Schauspielschule in Berlin studierte, zu einer Ballettschule zu gehen. Ich machte einen Test und wurde angenommen. Mein Vater war der Einzige, den das überhaupt nicht interessierte und der etwas dagegen hatte. Wir haben dann darüber

geredet, und er versuchte, mir klar zu machen, warum er denkt, dass das nicht der richtige Beruf für mich ist. Er meinte, ich hätte mehr Möglichkeiten, etwas mit dem Kopf zu tun als mit meinen Beinen und Armen. Ich habe mich aber nicht überzeugen lassen, denn ich wollte es unbedingt ausprobieren, zumal ich natürlich mit sechzehn saustolz war, dass man mich überhaupt haben wollte. Ich bin dann mit meinem Vater übereingekommen, dass ich, falls ich nach einem Jahr merken sollte, dass Ballett nichts für mich ist, mein Abitur machen würde und dann ja immer noch Medizin studieren könnte. Und so kam es dann auch. Da war er dann wieder glücklich. Ich habe Abitur gemacht, aber noch zwischen der elften und der zwölften Klasse meinen ersten Film gedreht. Dazu kam es eher zufällig, weil die DEFA in Potsdam eine Sechzehn- oder Siebzehnjährige für eine Hauptrolle suchte. Da bin ich zum Spaß hingegangen, wurde tatsächlich genommen und habe diesen Film dann in den Sommerferien gedreht. Das war letztendlich auch ausschlaggebend dafür, dass ich meine Pläne für ein Medizinstudium aufgab. Ich wollte erst einmal andere Dinge ausprobieren und dann etwas hinter der Kamera machen, Filmproduktion studieren. Das hat mir mein Vater allerdings ausgeredet. Er hat das ja selber studiert und wusste, wie schwer das für eine Frau ist und wie schwierig es dann auch später ist, mit einer Familie zu leben. Ich habe mich also gar nicht erst für Filmproduktion, dafür aber für Filmwissenschaften beworben, bin aber durchgefallen. Ich saß wohl ein bisschen auf dem hohen Ross und dachte, ich wüsste alles. Da hat man mir natürlich schnell beweisen können, dass ich gar nichts weiß. Wir haben uns dann nicht wieder darüber unterhalten, aber ich glaube, mein Vater war am Anfang nicht so erfreut, dass ich dann versuchte, Schauspielerin zu werden. Inzwischen hat sich das gewandelt, denn meine Erfolge machen ihn natürlich auch stolz.

Unstimmigkeiten wurden bei uns immer direkt auf den Tisch gepackt, ausdiskutiert, es wurde vielleicht auch einmal ein Tränchen vergossen, aber dann nahm man sich wieder in den Arm, und damit war es ausge-

ANJA KLING

standen. So machen wir das heute noch. Wenn man wie wir im selben Haus wohnt, ist es ganz normal, dass manchmal Spannungen entstehen. Dann macht man die Tür zu und denkt: Lasst mich doch alle in Ruhe! Ich will jetzt mal ohne euch sein. Wir sehen uns täglich, wenigstens einmal am Tag, wenn wir hier sind. Ich finde das sehr schön und genieße es sehr. Spätestens wenn mein Vater von der Arbeit kommt, schaut er kurz bei uns vorbei. Oder ich schicke meinen Sohn Tano abends eine halbe Stunde zu seinem Opa zum Spielen. Das ist für alle Beteiligten toll: Ich habe mal kurz meine Ruhe, mein Vater freut sich, seinen Enkel für sich zu haben, und der Kleine genießt es auch.

Natürlich hat sich unser Verhältnis gewandelt. Wir sind nun erwachsen. Als wir Kinder waren, war Vater schon sehr streng. Aber inzwischen hat sich das ein bisschen aufgelöst, und wir haben eher ein partnerschaftliches Verhältnis. Wenn ich aber Kummer habe oder nicht weiß, wie ich mich bei wichtigen Dingen entscheiden soll, laufe ich nach wie vor zu Papa und bin dann plötzlich wieder ganz klein. Er weiß meistens Rat oder hat zumindest eine Idee, was er machen würde, und meistens trägt meine Mutter dann auch noch etwas dazu bei. Vater und Mutter ergänzen sich einfach toll, das ist über all die Jahre so geblieben.

Bei meinem Vater schließen sich Temperament und ein ruhiges Gemüt nicht aus. Bei wichtigen Dingen überlegt er sehr genau, wägt das Für und Wider ab und entscheidet dann im Stillen, meistens richtig. Er ist glücklich, wenn seine Familie um ihn ist. Wenn er weiß, dass alle da sind, und es allen gut geht, kann er sich auch mal zurückziehen und eigene Dinge machen. Aber wenn es einem von uns nicht gut geht, geht es ihm auch schlecht. Das habe ich leider geerbt. Leider sage ich deshalb, weil man die Leute damit auch gängeln kann, sodass es ihnen zu viel wird. Ich habe wirklich große Achtung vor meinem Vater, davor, wie er in seiner ganz eigenen Art von Toleranz mit seiner Frau umgeht, mit seinen Kindern, mit Kollegen und Freunden – ich

Ich werde meinem Vater immer ähnlicher. Ich erwische mich manchmal bei ähnlichen Haltungen oder Reaktionen, und manchmal auch bei ähnlichen Denk- oder Verhaltensweisen, und dann denke ich: Oh, mein Gott! Wie dein Vater.

bewundere das alles sehr. Er ist für mich der großzügigste und liebenswerteste Mensch, und er gibt alles für jemanden, den er mag. Egoismus ist ihm völlig fremd, und an sich selbst denkt er zuallerletzt. Da denkt man manchmal schon: Oh, Mann, mach doch auch mal was für dich! Was ich auch bewundernswert finde, ist, dass ich meinen Vater noch nie schlecht gelaunt erlebt habe. Wenn er mal einen schlechten Tag hat, zieht er sich zurück. Aber dass er morgens aufwacht, ohne Grund einfach schlechte Laune hat und ihn die Fliege an der Wand stört – so wie ich das von mir kenne –, das erlebe ich bei meinem Vater, ich schwöre es, nie. Der ist immer, immer gut gelaunt.

Mein Vater und ich tun alles zusammen, was Freunde miteinander tun. Im Gegensatz zu meiner Schwester und meiner Mutter lieben wir es, essen zu gehen. Jetzt war gerade meine Schwester zum Drehen in der Wachau, und meine Mutter hat sie für ein paar Tage begleitet, um ein bisschen auszuspannen. Mein Freund drehte auch, und so waren mein Vater, mein Sohn, mein Neffe und ich ein paar Tage alleine. Wir waren jeden Abend essen und fanden das großartig. Wir haben es uns richtig gut gehen lassen. Neue Rollen bespreche ich mit meiner Mutter, sie ist ja auch meine Managerin und muss deshalb die ganzen Drehbücher lesen. Es gab aber auch Situationen, da waren wir beide unsicher und fragten uns: Lesen wir falsch, oder ist das wirklich so ein Mist? Dann habe ich Papi gebeten, es auch noch einmal zu lesen und mir seine Meinung zu sagen.

Ich wünsche mir, dass die ganze Sippe hier gesund bleibt. Das klingt abgedroschen, ist aber doch so wichtig, denn ich weiß, dass es richtig einschlagen kann, wenn etwas passiert. Mein Vater ist jetzt zweiundsechzig und der Fitteste von uns allen, weil er als Einziger regelmäßig Sport treibt. Insofern wird da wohl nichts passieren in nächster Zeit, hoffe ich. Na, und ich wünsche mir, dass es so bleibt, wie es ist.

ULRICH KLING Auch wenn wir uns als Familie untereinander alle sehr gut verstehen, haben Anja und ich doch ein besonders gutes Verhältnis. Wir haben eine ähnliche Art zu denken und bestimmte Meinungen, bei denen wir uns blind verstehen und wissen, was der andere sagen will. Es ist die gleiche Art, an Dinge heranzugehen, sie wahrzunehmen. Bei Gerit, meiner älteren Tochter, und meiner Frau ist es so ähnlich.

Meine Frau und ich waren sehr jung, als wir das erste Kind bekamen. Eigentlich waren wir selbst noch Kinder. Wir hatten das Gefühl, unsere Jugend noch gar nicht richtig erlebt zu haben, und schon waren wir in die Verantwortung von Vater- und Muttersein gedrängt. Wir waren sicherlich fürsorglich – gar keine Frage –, aber wir haben auch beschlossen, dass die Töchter einiges mitmachen müssen. Mit Gerit hatten wir ein sehr temperamentvolles erstes Kind, und wir nahmen an, dass die Zweitgeborene ähnlich sein würde. Die Schwangerschaft verlief anders als bei der großen Tochter, und deswegen glaubte ich noch an dem Tage, als Anja geboren wurde, dass es ein Junge würde. Gut, dann war es Anja. Meine Frau rief mich an und sagte: Es tut mir leid, aber es ist ein Mädchen geworden. Da habe ich gesagt: Das ist nicht so schlimm. Dann können sie wenigstens in einem Zimmer wohnen. Wir lebten ja in der DDR, und da spielte es durchaus eine Rolle, wie man mit zwei Kindern in einer Wohnung zusammenpasst.

Anja war von Anfang an ein sehr viel ruhigeres Kind als ihre Schwester. Sie konnte gut alleine spielen, und man merkte sie kaum. Die charakterlichen Anlagen der beiden Schwestern waren glücklich verteilt: Was die eine nicht drauf hatte, hatte die andere, sodass sie sich gegenseitig gut ergänzten. Sie vertrauten und achteten einander und konnten viel miteinander anfangen. Auch in der Pubertät war Anja absolut komplikationslos. Ich kann mich nicht erinnern, dass sie irgendwie zickig war oder sich besonders störrisch verhielt. Sie hatte ihre

Anja und ich haben eine ähnliche Art zu denken und bestimmte Meinungen, bei denen wir uns blind verstehen und wissen, was der andere sagen will.

Meinung, und die legte sie uns dar. Sie war manchmal schneller beleidigt als Gerit, zog sich dann zurück und schrieb Tagebuch.

Meine Frau und ich waren beide berufstätig. Ich hatte sicher nicht sehr viel Zeit für die Kinder, aber wenn ich zu Hause war, habe ich mich gleichberechtigt um sie gekümmert, und wir machten alles gemeinsam. Ob ich ein guter Vater war, müssen andere beurteilen. Ich denke, ich war recht streng. Ich wollte ein bisschen ausgleichen, was meine Frau sehr viel lockerer anging. Das hängt mit unserer unterschiedlichen Erziehung zusammen. Ich hatte einen sehr strengen Vater, den ich sehr geachtet habe und der ein Vorbild für mich war. Meine Frau ist in einer Familie aufgewachsen, wo es lockerer zuging. Dadurch haben wir uns gut ergänzt. Ich habe durch sie gesehen, dass man auch mit Fröhlichkeit erziehen kann, und doch habe ich in einigen wichtigen Situationen meine Strenge gezeigt. Ich denke schon, dass ich für Anja ein Vorbild war. Was heißt denn Erziehen? Du musst es vorleben, das ist die beste Erziehung. Aber nicht nur im Zusammenleben, sondern auch im Verhalten außerhalb der Familie. Es ist schön für die Kinder, wenn sie erfahren, dass Vater und Mutter geachtete Persönlichkeiten sind.

Als Anja schon sehr früh, mit sechzehn, einen Freund hatte – der, den sie heute noch hat –, wollte ich noch nicht wahrhaben, dass es schon so weit war. Darum war ich vielleicht manchmal ungerecht, indem ich bestimmte Dinge anordnete, wie: Räum dein Zimmer auf, ehe du nach Berlin fährst! Anja hatte ihren Freund in der Ballettschule in Berlin kennen gelernt. Er war einer der Balletttänzer der obersten Klasse und wurde zum Solotänzer ausgebildet, während Anja nur eine Dreijahresausbildung machen sollte, die sie dann aber nicht zu Ende führte. Die Entscheidung, Ballett zu studieren, war eine ganz spontane Geschichte, Anja war neugierig

ULRICH KLING

und hat sich einfach angemeldet. Und als sie dann gleich an dieser Schule den Freund kennen lernte, habe ich mir gesagt: Also eigentlich wollte sie Medizin studieren, und jetzt will sie Balletttänzerin werden. Muss das denn sein? Ich war damit nicht so ganz einverstanden. Es wurde mir nachgesagt, ich sei eifersüchtig. Ich glaubte immer, mir sei wirklich nur daran gelegen gewesen, dass sie sich auf die Ausbildung konzentriert. Aber wenn ich jetzt so zurückdenke, merke ich, dass es wohl doch auch Eifersucht war. Es war mir einfach zu früh. Ich dachte, mein Anjachen wird mal so richtig lospowern. Sie war sehr gut in der Schule, sie hat alles so fantastisch gemacht, dass man dachte, egal, welchen Beruf sie wählt, sie wird es auf jeden Fall zu etwas bringen. In dieser Zeit war ich vielleicht nicht der beste Vater für sie, aber ich kann nicht sagen, dass sie mir das irgendwann vorgehalten hätte, auch die Familie nicht. Ich denke immer noch, dass Anja eine fantastische Chirurgin geworden wäre, wenn sie Medizin studiert hätte. Aber bei meinen drei Frauen habe ich mit meiner Meinung keine Chance.

Mit der Berufswahl als Balletttänzerin war ich nicht einverstanden. Aber nach einem Jahr hat Anja dann selbst erkannt, dass es nichts für sie ist, und ich habe ihr geholfen, da wieder herauszukommen. Sie hat dann gleich das Abitur gemacht, hat also die Schule nur für ein Jahr unterbrochen. Im letzten Schuljahr bekam sie dann durch Zufall ein Filmangebot. Ich hatte nichts dagegen, dass sie Schauspielerin wurde. Es war mir nur wichtig, dass sie mit ihren vielen guten Anlagen etwas bewirken kann.

Mit dem Freund von der Ballettschule lebt sie heute noch zusammen, und die beiden haben einen Sohn. Sie sind nicht verheiratet. Es gibt sicher bestimmte Dinge, die ich anders gemacht hätte, aber bei denen ich die Generation, die nach uns kommt, absolut verstehen kann. Durch meinen Beruf als Dokumentarfilmer habe ich

Für mich war immer wichtig, dass eine gewisse Fröhlichkeit im Familienleben herrschte. Miteinander lachen, übereinander lachen können – das ist für mich eine wichtige Lebensqualität.

gelernt, dass es auch andere Sichtweisen als die eigene gibt, an die man vorher gar nicht gedacht hat. Für mich war wichtig, dass immer eine gewisse Fröhlichkeit im Familienleben herrschte. Miteinander lachen, übereinander lachen können – das ist für mich eine wichtigere Lebensqualität, als dass die Kinder nach meinen Vorstellungen leben. Ich weiß, dass ich mich nicht mehr einmischen kann, auch nicht mit der Begründung, der Vater zu sein und mehr Erfahrung zu haben. So, wie ich meiner Frau einmal gesagt habe: Lass uns unsere Fehler selber machen. Wir sind jung, lass uns das Leben genießen. Und jetzt stellt man fest: Die Eltern gibt es nicht mehr. Man ist jetzt der Nächste. Man guckt auf die Dinge, die die Kinder machen, vertraut den jungen Leuten und sagt: Wir haben es auch einmal so gemacht und so gewollt. Kinder sind Kinder, und bis zu einem bestimmten Alter bin ich zuständig für sie, dann rücke ich in die nächste Reihe, bin für jeden Rat da, helfe auch praktisch – gar keine Frage –, aber sie müssen ihr Leben selber leben. Als ältere Generation muss man zurückstehen, man ist nicht mehr so der Mittelpunkt. Wenn die Kinder dann immer wieder zurückkommen und sich erinnern, wie es zu Hause war, und es mit ihren eigenen Kindern so ähnlich machen wollen, dann ist das doch der beste Dank, den man bekommen kann.

Anja ist ein sehr zuverlässiger Mensch und eine hübsche Frau. Man kann sich hundertprozentig auf sie verlassen, und sie ist auch gar nicht so eitel, wie viele andere in dem Beruf. Ich kenne sie ja, aber wenn ich versuche, sie von außen anzugucken, wenn ich ihr ins Gesicht sehe, ist das für mich in vielerlei Hinsicht eine Offenbarung. Da muss sie gar nichts sagen, in ihren Augen, ihrem Lächeln kommt ihr ganzer Charakter zum Ausdruck. Anja ist sehr harmoniebedürftig und möchte auch in ihrem Freundeskreis eine friedliche und gemeinschaftliche Situation erreichen. Sie ist unglücklich, wenn Dinge nicht ausgesprochen werden, mit her-

umgetragen werden. Das ist etwas, was ich sehr an ihr achte. Ich bin stolz darauf, dass sie sich durch ihren Erfolg nicht verändert. Der Erfolg der beiden Mädchen, ich muss beide einbeziehen, hat mir in meinem Arbeitsumfeld schon in manchen Situationen geholfen.

Es gibt eine aufregende Geschichte in unserer Familie: Die Mädchen sind ja noch fünf Tage vor der Wende abgehauen. Eigentlich wollten sie früher schon gehen, was ein bisschen daran lag, dass meine Frau hier rumänische Verhältnisse auf uns zukommen sah und ihnen einredete: Kinder, das wird hier nichts mehr. Damals versuchte die ganze Jugend von Berlin und den anderen Teilen der Republik, das Land in Richtung Ungarn und später in Richtung Tschechei zu verlassen. Ich sah die Situation ganz anders und wollte die Familie hier zusammenhalten. Mir ging es nicht um die Politik, sondern mir war klar, dass wir die beiden Mädchen wer weiß wie lange nicht wiedersehen würden. Als sie das erste Mal weg wollten, habe ich versucht, dagegenzuhalten. Als dann die Stimmung immer schlechter wurde, sind sie, ohne uns zu informieren, rüber gegangen. Das war bitter für mich. Später haben wir uns erzählen lassen, Anja hätte auf der ganzen Fahrt bis zur Grenze nur geweint. Kaum waren sie in Berlin, wurde die Mauer geöffnet, und wir haben sie in Berlin wieder abgeholt. Anja blieb dann erst mal bei ihrem Freund drüben in Berlin, bis sich alles für ihn geregelt hatte.

Ich wünsche mir, dass Anja ihre Bodenständigkeit behält, dass sie sich nicht verblenden lässt und nicht den Boden unter den Füßen verliert, dass sie ihre Klugheit nutzt, um das Beste aus ihren Anlagen zu machen. Sie wünscht sich noch ein Kind. Das ist in diesem Beruf ganz schwierig. Aber ich traue ihr zu, dass sie, wenn sie sich entscheidet, das Richtige macht. Und wenn sie nicht das Richtige macht, dann wird sie das Beste daraus machen, denn sie ist kein Mensch, der zurückguckt. Sie guckt immer nach vorn. Wenn die Dinge passiert sind,

Für mich ist der schönste Lohn, wie wir hier miteinander leben und dass wir unser Vertrauensverhältnis zueinander erhalten konnten.

sind sie passiert. Ich weiß, dass ich mit meiner Familie in einer ganz wunderbaren Situation bin, und dass ich viel Glück gehabt habe. Mir ist bewusst, dass das nicht alles selbst gemacht ist, sondern dass viele glückliche Umstände dabei mitgespielt haben.

Es gibt bei Anja und mir so bestimmte preußische Tugenden wie Disziplin, eine gewisse Sorgfalt, alles genau vorzubereiten. Es ist für uns schwirig, wenn wir uns auf eine bestimmte Vorgehensweise eingerichtet haben, sie dann auch einzuhalten, weil eine kleine Änderung uns schon total aus dem Rhythmus bringen kann. Ich beobachte, wie sich bei Anja wiederholt, wie ich in jungen Jahren gehandelt habe. Da wir harmonisch miteinander umgehen, tut das nicht weh, sondern man beobachtet es einfach. Aber manchmal, wenn ich etwas von mir bei ihr wiederentdecke, sage ich: Mein Gott, kann sie nicht ein bisschen flexibler sein? Dann sagen die beiden anderen: Na, du bist doch aber auch so. Dem muss ich dann, wenn auch etwas zögernd, zustimmen, denn das war genau das, worüber ich mich schon früher bei mir selbst geärgert habe, und nun wird es mir noch einmal vorgeführt.

»Ich wollte alles richtig machen und habe es doch falsch gemacht.
Wir waren uns gar nicht nah.«

THEKLA KRÖKEL

HEIDEMARIE MEIDLEIN

»Meine Mutter konnte mir kein Vorbild sein, eigentlich bin ich ja wie eine Waise aufgewachsen. Meine Mutter hat mich verlassen als ich neun Monate alt war.«

HEIDEMARIE MEIDLEIN

Meine Mutter hat mich verlassen, als ich neun Monate alt war. Sie verließ mich, weil der Kontakt mit meinem Vater, einem russischen Offizier, die Umstände meiner Zeugung und der Geburtsort – ein kleines thüringisches Dorf – ihr keine andere Möglichkeit ließen. Im sechsten Monat forderte meine Großmutter sie auf, ins Krankenhaus zu gehen, um mich noch abzutreiben. Mein Vater wusste um mich und hatte versprochen, er käme wieder, aber er kam nicht. Ich denke, für meine Mutter ist in diesem Moment etwas zerbrochen. Deswegen war es für sie auch möglich, von mir wegzugehen. Ich wuchs also bei meinen Großeltern auf. Als Kind nahm ich wahr, dass die Familienverhältnisse bei mir anders waren als bei anderen Kindern. An meinem fünften Geburtstag bekam ich ein Paket aus dem Westen. Es war ein Geburtstagspaket von meiner Mutter. Das ist die erste Erinnerung, die ich mit dem Wort »Mutter« verbinde. Kurz vor meinem neunten Geburtstag beschloss meine Mutter, die inzwischen in Hamburg verheiratet war, über meinen Kopf hinweg, mich von meinen Großeltern wegzuholen. Sie kam nach Thüringen, meine Sachen wurden gepackt, und ich wurde mitgenommen. Bedingt durch die Nachkriegssituation sowie die familiären Gegebenheiten fühlte ich mich in Thüringen zu Hause und meiner dortigen Familie zugehörig, meinen Großeltern, Kusinen, meiner Tante, meinem Onkel. Meine Ausreise wurde durch die bekannten Schikanen der Grenzsoldaten gefährdet; meine Geschichte ist eben auch verknüpft mit der Ost-West-Tragik. Auf dem Hamburger Hauptbahnhof trafen wir den Mann meiner Mutter, Franz Krökel. Er war ein gut aussehender Mann, und ich empfand spontan Sympathie für ihn. Ich schloss mich ihm emotional an, was aber schnell von meiner Mutter unterbunden wurde, weil sie diese Zuneigung wohl nicht aushalten konnte.

Dann kam eine Zeit, in der ich wenige Leid- und Schmerzerfahrungen, die zu diesem Leben gehören, ausgelassen habe. Von meinem neunten bis zu meinem einundzwanzigsten Lebensjahr war ich schmerzlich allein.

Nach der Schule musste ich sofort nach Hause kommen und dort ein Pflichtprogramm absolvieren. Ich war total abgeschnitten von allen entwicklungsbedingten Prozessen, wie altersgemäßem Schwärmen für Idole, Feiern mit Freunden, Sich-Ausprobieren mit Gleichaltrigen, Hobbys. Ich wuchs völlig abgeschirmt auf. Später habe ich eine geschichtliche Parallelfigur gefunden, den Kaspar Hauser. In diese Zeit gehörte auch »schwarze Pädagogik« mit allen Formen von Gewalt. Das kann man kaum jemandem vermitteln. Dieses Eingesperrtsein, die Gewalt und die fehlende Zuneigung führten natürlich zwangsläufig dazu, dass ich mit einundzwanzig von zu Hause auszog. Mit fünfzehn, sechzehn haben mein späterer Ehemann und ich uns an die Hand genommen wie Hänsel und Gretel, sind in die Welt gegangen und haben versucht, aus unserer Familiensituation und dem sozialen Umfeld herauszukommen. Wir haben zweiunddreißig Jahre zusammen verbracht, haben gemeinsam eine Firma aufgebaut und praktisch in der Firma gelebt, es gab wenig andere Lebensräume. Mein Mann war für mich Ehemann, Freund, Heimat – diese Ehe war schon etwas Besonderes.

Mein Selbstbild war jahrzehntelang bestimmt von der Ablehnung, die ich erfahren habe. Man hatte mir zu verstehen gegeben, dass ich hässlich, unansehnlich, nicht liebenswert bin. Ich bin ein dunkler Typ, wie mein Vater. Meine Mutter war genau das Gegenteil. Sie war strahlend blond, gut aussehend, sehr sexy und hat das auch gelebt, während sie mich von all dem abgeschnitten hat. So hat sie in mir eher eine Ablehnung alles Weiblichen ausgelöst. Aber heute kann ich damit meinen Frieden schließen, weil ich entschieden habe, dass ich geliebt und geschätzt werden möchte wegen meiner Person und nicht, weil ich bestimmte äußerliche Reize habe. Meine Mutter konnte mir kein Vorbild sein, eigentlich bin ich ja wie eine Waise aufgewachsen. Da brauchte ich etwas, um überleben zu können. Natürlich habe ich das Thema inzwischen auch bearbeitet und verstanden, dass die Suche und die Sehnsucht nach dem Vater letztendlich die Suche nach Gott ist. Als ich mei-

Gerade weil ich meinen Vater nicht kenne, ist er für mich eine immens wichtige Fantasieperson gewesen. Ich stellte mir vor, dass er sogar kommen würde, um mich zu erlösen, wenn er denn wüsste, wie es mir ging. Ich wurde zur Vatertochter, und die Vaterfigur bekam eine Überfunktion.

nen Sohn bekam, hatte ich eine russische Krankenschwester. Sie regte mich dazu an, nach meinem Vater zu forschen. Alles was ich von ihm wusste, waren sein Name, sein Geburtsjahr und sein Beruf. Er war Lehrer gewesen und hatte Musik gemacht, war also auch Künstler. Mit diesem Wissen habe ich mich dreimal auf die Suche nach ihm gemacht. Durch einen philosophischen Verlag hatte ich einen Kontakt nach Moskau. Es kam ein Brief zurück, in dem stand, dass er einen Mann ausfindig gemacht habe, der zwar namensgleich wäre, aber zu dem entsprechenden Zeitpunkt nicht in Thüringen war. Meine Intuition sagte mir, dass er das war, aber die Begegnung mit mir nicht wollte. Das war der erste Versuch. Dann fiel der eiserne Vorhang, und ich versuchte es über das Rote Kreuz. Das war ergebnislos. Vor vier Jahren fuhr ich selber nach Moskau, und meine russische Reiseleiterin half mir, mit den zwei Namen, die ich hatte, im Internet zu suchen. Sie fand eine lange Liste. Aber da hatte ich schon so viel Wissen in mir, dass mir klar war, es geht nicht mehr um den realen Vater. Meine Fantasie hatte mir wahnsinnige Geschichten vorgegaukelt, von Fürstenhäusern bis zu Dschingis Khan, das war ein unendlicher Raum. Dort in Moskau habe ich überlegt, wie es wäre, einen Achtzigjährigen zu finden, mit dem ich mich nicht verständigen kann. So holte mich die Realität ein. Ich habe aber später durch eine Frau, die in Kontakt mit den „geistigen Welten" ist, verstanden, dass mein Vater auf geistiger Ebene da war, und das war überwältigend. Ich traute mich allerdings nicht, die Hauptfrage an ihn zu stellen, nämlich, ob er mich liebt. Es ist seltsam, dass ich nach Jahrzehnten immer noch Angst hatte, er könnte Nein sagen und damit mein Leben verneinen und vernichten. Aber er bat mich um Verzeihung und war froh, dass ich diesen Weg gewählt hatte, weil er mir unbedingt mitteilen wollte, dass er damals keine Wahl gehabt hatte. Ich bin 1946 geboren, und der Krieg war 1945 beendet. Die Soldaten wurden zurück beordert. Er musste gehen, obwohl er wusste, dass ich im Bauch meiner Mutter war. Er war sogar mit meiner Mutter zum Arzt gegangen. Endlich wusste ich, dass ich

Nachdem wir jahrzehntelang überhaupt keinen Kontakt hatten, bin ich jetzt viel im Gespräch mit meiner Mutter. Und wenn ich mir ihre Geschichte anhöre, begreife ich, dass sie das, was mit ihr passiert ist, mit mir wiederholt hat.

HEIDEMARIE MEIDLEIN

durch eine Liebesgeschichte entstanden bin. Das war für mich immens wichtig, weil ich Jahrzehnte meines Lebens belogen und betrogen wurde, was meine Herkunft betrifft. Es war schwer, dabei eine eigene Identität zu entwickeln. Ich wurde aufgrund meines Aussehens oft von Menschen gefragt, woher ich denn käme. Da ich das am Anfang nicht wusste und mich später nicht traute, darüber zu reden, weil die politische Situation pro Amerika und anti Sowjetunion war, wurden mir also die chinesische, die japanische, die französische Nationalität untergejubelt. Dieses Nicht-zu-mir-stehen-können, obwohl ich so ein dringendes Bedürfnis danach hatte, war fürchterlich. Ich habe auch Namen gehabt, die überhaupt nicht zu mir gehörten. Ich hatte drei verschiedene, bevor ich mir dann endlich den Namen Meidlein redlich erarbeitet und verdient habe. Es ist der Name meines ehemaligen Mannes, und es ist der erste Name, der mir so etwas wie eine Identität gibt.

Zu meiner Mutter hatte ich jahrzehntelang kaum Kontakt, nur zwischendurch, wenn mein Großvater kam. Mein Opa war ein weicher, lieber Mann, während meine Großmutter eine harte Frau war. Immer wenn er meine Mutter in Hamburg besuchte, überredete er mich, zu kommen. Aber jeder Versuch der Annäherung zwischen mir und meiner Mutter misslang. Zu groß war die unerfüllte Sehnsucht nach Liebe, unter der ich in der Vergangenheit gelitten hatte. Als mein Sohn dann geboren war, sahen wir uns ab und zu, aber wir kamen nie richtig zusammen. Dann kamen die Jahre, als der ganze Schmerz, die Wut und die Verletzung raus mussten. Immer wenn ich zu meiner Mutter kam – darüber kann man lachen oder weinen –, hatte sie schon die Fenster geschlossen, damit die Leute mich nicht schreien und brüllen hören konnten. Sie hörte sich alles an, was sicher nicht alle Mütter machen. Dann, nachdem ich immer mehr heraus geschrien hatte, fand ich ein Buch, da war ich immerhin schon fünfundvierzig, das heißt *Schicksal als Chance*. Es ist eine große Herausforderung, zu lesen, dass wir uns alles im Leben selber aussuchen, eine Mutter, die mich weggibt, einen Vater, der vor meiner Geburt

HEIDEMARIE MEIDLEIN

weggeht. Im Zweifelsfalle können wir davon ausgehen, dass wir alles karmisch mitbringen, und das bedeutet, dass es wirklich überhaupt keine Möglichkeit der Schuldzuweisung gibt. Ich finde, es ist eine große Herausforderung, die Dinge so zu betrachten.

Die Frage zu beantworten, warum meine Mutter mich verlassen hat, hat mich jahrzehntelange Arbeit und Mühe gekostet. Ich musste unzählige Gespräche führen, in Selbsterfahrungsgruppen und Therapien gehen, um verstehen zu können, wie es möglich ist, dass eine Mutter ihr neun Monate altes Baby verlässt. Aber ich habe inzwischen verstanden, dass meine Geschichte ein Teil der Zeitgeschichte ist. Ich habe jetzt auch noch einmal versucht, mit meiner Mutter über meine leidvolle Jugendzeit zu reden. Sie erinnert sich gar nicht mehr. Dabei wird mir klar, dass meine Generation die erste ist, die aus solchen generationsübergreifenden Verhaltensweisen aussteigen konnte aufgrund der vielen Möglichkeiten, die wir heute haben. Als ich meinen Sohn im Bauch hatte, wusste ich, dass ich all das, was ich erfahren hatte, unmöglich als Ausgangspunkte für seine Erziehung nehmen konnte. Ich musste neue definieren: ihn zu lieben, ihn als Persönlichkeit zu achten und die Wahrheit zu sagen. Ein wichtiges Thema für mich ist, dass wir unsere Leiden selbst heilen und damit auch rückwirkend auf die vorigen Generationen hinwirken können. Wenn ich mit meiner Mutter meinen Frieden schließen kann, kann ich es auch schaffen, ihr ein bisschen Frieden in Bezug auf ihre Mutter zu geben.

Als ich nach zweiunddreißig Jahren Ehe den Entschluss fasste, zu gehen, war ich neunundvierzig. Mit der Ehe gab ich auch eine gemeinsame geschäftliche Situation, eine wirtschaftliche Basis auf. Und als die Trennung erfolgte, habe ich noch einmal eine eigene Firma gegründet. Was ich an Potenzial habe, wusste ich. Mein Beruf war Berufung, und ich betrachte es als ausgleichendes Geschenk, ein ungeheures kreatives Schöpfungspotenzial zu haben. So entwickelte ich ein besonderes Universell-Haarschneide-System, um während meiner Arbeit an

den Haaren einen unendlichen Informationsaustausch mit den Menschen haben zu können. Zu dieser Zeit begannen östliche Weisheitslehren, Psychotherapien, geistiges Heilen und Ähnliches sich zu etablieren, und ich nutzte sie, um meinen Selbstfindungsprozess zu erweitern und von meinem individuellen zu einem kollektiven Verständnis in Bezug auf Frauen zu kommen. Aber was mir fehlte, das habe ich schmerzlich erfahren, war das betriebswirtschaftliche Wissen. Ich habe mich um Summen übernommen und merkte, das packe ich nicht. Ende 1995 war ich soweit, dass ich überlegte, springe ich jetzt aus dem Fenster oder werde ich wahnsinnig. Und da bin ich mit neunundvierzig das erste Mal zu meiner Mutter gegangen und habe gefragt, ob sie mir finanziell helfen könne. Und von dem Moment an hat sie mir finanziell geholfen. Ich kann nur einen Menschen um Hilfe bitten, wenn ich mit ihm in Frieden bin. Wir sind uns näher gekommen und in Kontakt geblieben. Das war ein langer Prozess.

Meine Mutter ist exakt die Generation, die sagt, das macht man nicht, das tut man nicht, was sollen denn die Nachbarn denken. Und ihre größte Angst ist, irgendetwas von sich preisgeben zu müssen, denn ihre Generation verbirgt alles Mögliche. Sie ist zur Feigheit erzogen worden. Ich hingegen verkörpere das Anderssein und Unberechenbare. Meine Mutter lebt das Angepasste so sehr, wie ich ein Freigeist bin. Durch unsere Gespräche habe ich mit der Zeit erkannt, dass ihr Erziehungsmodell das meiner Großmutter gewesen ist. Und da wurde mir plötzlich klar, dass nicht nur ich ein Rebell war, denn für ihre Zeit und ihre Möglichkeiten war auch meine Mutter sehr mutig. Also habe ich sie angerufen: Du bist ja eine mutige Frau gewesen. Du hast dich mit meinem Vater eingelassen und mich zur Welt gebracht, obwohl deine Mutter dich zwingen wollte, mich abzutreiben. Mein Gott, was du dich alles getraut hast. Endlich konnte ich zu meiner Mutter Ja sagen, ihren Mut anerkennen. Und damit auch die Ablehnung des Weiblichen in mir heilen.

HEIDEMARIE MEIDLEIN

112 HEIDEMARIE MEIDLEIN

Heute versuche ich, sie einzuladen, wenn es irgendeinen Anlass gibt, oder mit ihr irgendwo hinzugehen, um mich ihr gegenüber erkenntlich zu zeigen. Sie kommt auch zum Haaremachen zu mir. Manchmal gehen wir ins Theater, und zu Weihnachten hören wir uns die Don-Kosacken an und finden interessanterweise über diese Klänge zu einer emotionalen Verbundenheit. Einmal habe ich ihr, quasi stellvertretend für meinen Vater, rote Rosen geschenkt. Sie konnte ja mit meinem Vater auch nicht in Frieden kommen, weil er verschwand. Für mich ist Liebe ein ganz schwieriges Thema, da ich ja mit ziemlich wenig Liebe aufgewachsen bin.

Ich habe meinen fünfundfünfzigjährigen Geburtstag ganz besonders gefeiert, weil ich jahrzehntelang als kleines Kind und als Jugendliche keine Feiern hatte. Bei diesem Fest stand ich auf und erzählte, in welchem Verhältnis jeder Gast zu mir steht, und die Gäste erzählten, was ich für sie bin. Durch die Erzählungen bekam meine Mutter ein Gesamtbild ihrer Tochter, das sich aus vielen Puzzlestückchen zusammensetzte. Als die Reihe an ihr war, weigerte sie sich, aufzustehen und etwas zu sagen. Alle anderen sagten sehr Schönes zu mir. Bevor die letzten beiden an die Reihe kamen, hielt es meine Mutter nicht mehr auf dem Stuhl, sie kam angeflitzt, drückte mich und sagte: Ich bin froh, dass du meine Tochter bist. Und das war das größte Geschenk. Ich glaube, genau das wünschte ich mir immer von ihr, dass sie mich in meinem ganzen Spektrum wahrnimmt und annimmt. Ich versuche natürlich auch, ihr die spirituelle Ebene nahe zu bringen. Sie ist jetzt sechsundsiebzig, das Thema steht ja an. Es ist mein Wunsch, dass sie mit ihrem Leben in Frieden kommt, und dass sie den Sinn, den unser gemeinsames Leben hatte, so schwierig oder so sinnlos, wie es am Anfang auch war, erkennt. Ich denke, wir beide haben in diesem Leben die Chance, das Thema Mutter und Tochter karmisch zu bearbeiten und sind da schon ganz gut vorangekommen.

Ich habe Jahrzehnte meines Lebens im geistigen Austausch Befriedigung erfahren. Wenn ich mit einem Menschen eine geistige Berührung habe, empfinde ich das als Liebe. Dieses andere, die Herzensliebe, daran arbeite ich noch. Aber ich fühle sie zunehmend in mir.

THEKLA KRÖKEL

Heidemaries Vater war ein russischer Offizier. Es war Liebe auf den ersten Blick, was nicht unbedingt gut war, denn unsere Wege trennten sich wieder. Er wusste, dass ich schwanger war und freute sich darüber, aber als ich im dritten Monat war, musste er zurück nach Russland. Ursprünglich hatten wir uns gedacht, dass ich mit ihm komme, aber zu dem Zeitpunkt war das nicht möglich, und somit war damals schon alles aus und vorbei. Die Leute haben natürlich die Nase gerümpft, und mein Ruf war dadurch nicht allzu gut. Ich hätte es einfacher haben können. Zu der Zeit, als ich schwanger wurde, sind so viele Frauen vergewaltigt worden, ich hätte das Kind abtreiben lassen können. Aber das wollte ich nicht. Obwohl ich unglücklich war, wollte ich das Kind auf jeden Fall. Heidis Vater war ein sehr liebenswerter Mann, und wenn man einen Menschen wirklich liebt, können einem die Leute gar nichts anhaben. Dennoch war die Situation damals während der Schwangerschaft ziemlich schlimm, weil meine Mutter mich so mies behandelt hat. Wenn Besuch kam, musste ich verschwinden. Und ich wartete auf diesen Mann und konnte gar nichts tun, weil ich keine Anschrift hatte. Er wollte sich ja wieder melden. Aber es kann so vieles passiert sein. Es war ja die Stalin-Ära. Ich sah meine Mutter eigentlich nur abends ein, zwei Stunden, sie hat nur gearbeitet. Sie war sehr streng. Meine Mutter war ein Fisch, ein kalter Mensch. Ich kann mich überhaupt nicht erinnern, als Kind je bei ihr auf dem Schoß gesessen zu haben. Schon als Zehnjährige musste ich kochen, Strümpfe stopfen und für die Viecher Futter holen. Morgens lag ein Zettel da, was alles gemacht werden musste. Und wenn meine Mutter abends kam, und wir etwas nicht gemacht hatten, gab es Schläge.

Eigentlich wollte ich Heidi in Hamburg zur Welt bringen. Die Schwester meiner Mutter hätte mich aufnehmen können, und so wäre das Ganze in der thüringischen Kleinstadt überhaupt kein Gesprächsthema gewesen.

Ich hatte meiner Tante geschrieben, aber meine Mutter hat den Brief nicht abgeschickt. Als meine Tante nicht antwortete, habe ich gedacht, sie wolle mir nicht helfen. Also plante ich, zunächst allein nach Hamburg zu gehen. Als ich mich dazu entschieden hatte, war es vor allem mein Vater, der mich dabei unterstützte. Er war ein sehr lieber Mensch, und er liebte Heidi abgöttisch. Als sie geboren wurde, hatte er zu mir gesagt: Ich bin noch jung genug, ich ziehe sie auch allein groß. Du kannst sie ruhig hier lassen. Bis ich für Hamburg eine Aufenthaltsgenehmigung hatte, war Heidi neun Monate alt. Zu dem Zeitpunkt wusste ich nicht, dass so viele Jahre vergehen würden, bis ich sie wiedersehe.

    Ich wohnte in Hamburg zunächst bei meiner Tante und fand bei der Hamburger Hochbahn als Schaffnerin Arbeit. Der erste Mann, der mir dort begegnete, war mein späterer Ehemann. Er war sehr kinderlieb, und wir beschlossen, Heidi herzuholen. Aber sieben Jahre lang bekam ich keine Aufenthaltsgenehmigung und konnte nicht zu ihr. 1955 besuchte mich mein Vater in Hamburg und meinte, ich solle Heidi so bald wie möglich holen. Ich war damals schon drei Jahre verheiratet. Mein Vater fand meinen Mann ganz in Ordnung und wusste, dass Heidi in guten Händen wäre. Endlich konnte ich Heidi ganz offiziell zu mir holen. Als ich Heidi dann sah, war sie mir sehr fremd. Ich hatte ein Kleinkind in Erinnerung, und nun stand ein neunjähriges Mädchen vor mir. Heute weiß ich, dass es ein großer Fehler war, sie in Frankenhausen bei meinen Eltern zurückzulassen. Dadurch sind mir Jahre verloren gegangen, die man nicht nachholen kann. Wenn ich abends nicht einschlafen kann, gehen meine Gedanken oft in die Vergangenheit zurück. Ich hätte auf alles verzichten und da bleiben müssen. Aber damals war ich noch zu jung und hatte noch Zukunftspläne. Nun kam nach neun Jahren ein fremdes Kind zu mir. Es war für uns beide recht schwer. Sie war ganz anders erzogen, als ich es als Mutter

THEKLA KRÖKEL

gemacht hätte. Wenn sie gegessen hatte und nichts mehr wollte, stand sie einfach vom Tisch auf. Und wenn ich dann gesagt habe: Du, wo gibt es denn so was?, fand sie das unmöglich und herrschte mich an: Du hast mir gar nichts zu sagen. Bei Oma durfte ich das. Solche Kleinigkeiten. Ich war dann sehr streng. Ich wollte alles richtig machen und habe es doch falsch gemacht. Wir waren uns gar nicht nah. Diese neun Jahre waren einfach nicht zu überbrücken. Ich habe sehr darunter gelitten und musste mich oft bei meiner Freundin ausweinen. In der ersten Zeit habe ich mit Heidi nicht über ihren Vater gesprochen, weil ich meinte, sie sei zu jung, um mich zu verstehen. Aber eine Tante erzählte ihr dann alles, und das war für Heidi natürlich ein Schock. Ich fand es zu früh.

Ich war so streng mit Heidi, in dem Gefühl, wenn du schon etwas verkehrt gemacht hast, möge es deinem Kind besser gehen. Es waren die Schuldgefühle, sie bei meinen Eltern gelassen zu haben. Oder auch die Angst, dass sie hier in falsche Hände geraten könne und vielleicht auch mit einem Kind ankäme und der Mann sie sitzen ließe. Es sollte ihr besser gehen. Nach der Schule kam Heidi in die Lehre bei ihrem späteren Schwiegervater, da war sie fünfzehn, sechzehn. Der lobte sie in den höchsten Tönen. Sie war immer fleißig, hat nie gefaulenzt, war sehr freundlich und konnte gut mit Menschen umgehen. Ich glaube, Heidis Traum war es, mit Menschen Kontakt zu haben, die mehr waren als mein Mann und ich und sie selbst. Menschen, die studiert haben oder etwas Besonderes sind. Sie wollte schon früh ausziehen, aber ich habe ihr gesagt: Du kannst ausziehen, wenn du einundzwanzig bist, so lange bleibst du zu Hause. Und das hat sie dann ja auch gemacht. Mit ihrem heute geschiedenen Mann, dem Sohn ihres Chefs, war sie von Anfang an zusammen. Sie hingen wie Kletten aneinander. Ich habe oft mit dem Essen gewartet, wenn Heidi mit Karlheinz und seinen Eltern mit dem Auto unterwegs

116   THEKLA KRÖKEL

Ich war so streng mit Heidi, in dem Gefühl, wenn du schon etwas verkehrt gemacht hast, möge es deinem Kind besser gehen.

waren. Sie ließ sich von mir auch nicht beeinflussen, als es nachher ernst wurde und ich Bedenken hatte, dass sie sich so früh binden wollte. Es war alles zu spät. Nachdem sie ausgezogen war, hatten wir eine Zeit lang überhaupt keinen Kontakt. Sie wollte das nicht. Für mich war das sehr schlimm. Einmal haben meine Eltern mich besucht. Ich durfte sie bis in die Nähe von Heidis Wohnung an die Straßenecke bringen, dann musste ich mich verabschieden. Ich durfte nicht mit zu ihr. Ich habe immer wieder versucht, mit ihr Kontakt aufzunehmen. Einmal hat sie uns zum Essen eingeladen, aber das war mehr eine Höflichkeitsgeste. Eine Mutter-Tochter-Beziehung ist eigentlich nie entstanden. Heidi und ich sind uns erst nach Fridos Geburt wieder begegnet. Ich weiß noch, ich kam nach Hause und mein Mann sagte mit Tränen in den Augen: Wir haben einen Enkelsohn, Heidis Mann hat gerade angerufen. Sie liegen in Barmbek, aber es geht ihnen nicht so gut. Ich musste sofort ins Krankenhaus. Dort brachte eine Schwester dies Bündel, meinen Enkel, an die Scheibe. Ach Gott, ich hätte ihn am liebsten mitgenommen. Er sah prächtig aus, Kaiserschnittkinder sind ja ganz glatt. Und dann bin ich zu Heidi hineingegangen, der es am ersten Tag noch nicht so gut ging. Sie war enttäuscht, dass ich den Namen Fridolin nicht so gut fand. Wir Großmütter versorgten dann abwechselnd den Kleinen. Wenn Heidi und ihr Mann ins Geschäft gingen, kam er in der Tragetasche zu uns. Oh, wie habe ich das genossen, dieses kleine Menschlein. Da habe ich erst gemerkt, was ich versäumt habe. Die Schwiegereltern und wir haben den Jungen vor lauter Liebe fast aufgefressen. Aber er war ja auch so ein liebenswertes Kerlchen.

Wirklich Frieden geschlossen haben Heidi und ich erst später, als Heidi in großen Schwierigkeiten war. Es ging um viel Geld, und da fand sie glücklicherweise den Weg zu mir. Ich konnte ihr helfen. Ich habe mir gedacht, sie braucht dich, jetzt kannst du beweisen, dass du für sie da bist. Mit ins Grab nehmen kannst du es

THEKLA KRÖKEL

nicht, und du kannst ihr eine Freude machen. Dadurch änderte sich unser Verhältnis und ist jetzt herzlich. Ich bin sehr damit einverstanden, wie sie heute lebt, auch mit Karin als Partnerin. Ich mag Karin sehr und würde mir wünschen, dass die beiden zusammenbleiben. Karin ist eine starke Person und eine gute Partnerin für Heidi. Sie bleibt ruhig, wenn Heidi mal ausflippt, denn alles, was nicht nach Heidis Plänen geht, bringt sie fast um, wirft sie aus der Bahn. Und wenn sie etwas hat, was sie bedrückt oder was sie gern geklärt haben möchte, ruft sie mich an. Und dann quatschen wir eine dreiviertel Stunde am Telefon. Da gibt es überhaupt keine Missverständnisse mehr. Natürlich kann ich nicht alles bei Heidi nachvollziehen, zum Beispiel ihren Glauben an die Wiedergeburt und den Buddhismus, das ist fremd für mich. Aber ich sage mir, wenn es ihr etwas gibt, ist es in Ordnung. Und wenn sie mit mir darüber spricht, höre ich zu. Aber ich habe keinen Zugang dazu. Das weiß sie auch. Jeder Mensch muss so leben, wie er möchte und wie er glücklich ist.

Ich wünsche mir, dass das gute Verhältnis zwischen uns so bleibt. Intensiver kann es gar nicht werden. Und ich wünsche Heidi vor allem, dass ihre Pläne, die sie noch hat, sich erfüllen, dass alles, was sie sich vornimmt, ihr gelingt. Ich selbst habe keine großen Pläne mehr. Ich freue mich über jeden Tag, den ich mich noch gut fühle und ich möchte gerne noch erleben, dass mein Enkelsohn vielleicht heiratet. Er wird nächsten Monat einundzwanzig. Sonst habe ich eigentlich keine Wünsche.

Wirklich Frieden geschlossen haben
Heidi und ich erst später, als Heidi
in großen Schwierigkeiten war.
Es ging um viel Geld, und da fand sie
glücklicherweise den Weg zu mir.
Ich konnte ihr helfen.

THEKLA KRÖKEL

»Ich glaube, wir sind uns ähnlich. Vielleicht ist es so etwas wie Seelenverwandtschaft.«

FRANZ MÜNTEFERING

MIRJAM MÜNTEFERING

»In mancher Hinsicht bin ich meinem Vater bestimmt ähnlich. Allerdings kann ich die Ähnlichkeiten weniger gut erkennen als das, was uns unterscheidet.«

MIRJAM MÜNTEFERING

Ich erinnere mich an viele Situationen mit meinem Vater, in denen wir zum Beispiel zusammen spazieren gingen, und er mich auf den Schultern trug. Einmal bin ich in der Badewanne ausgerutscht und habe mir richtig weh getan. Ich weiß noch, wie ich auf den Küchentisch gehoben wurde, und mein Vater sich ganz vorsichtig und besorgt die Wunde anguckte und Erste Hilfe leistete. Und dann war alles gut. Mein Vater war überhaupt nicht streng, aber es gab bestimmte Regeln, zum Beispiel, wann wir zu Hause sein mussten, oder dass wir uns über ein bestimmtes Gebiet hinaus nicht entfernen durften. Diese Regeln habe ich auch eingehalten, allerdings habe ich innerhalb dieses Rahmens häufig über die Stränge geschlagen, weil ich sehr wild und temperamentvoll war und auf Bäume kletterte oder großen Hunden meine Hände ins Maul steckte. In diesem erlaubten Bereich war mein Vater ziemlich tolerant, auch wenn er sicher manchmal gedacht hat: Um Gottes Willen, was macht sie denn jetzt schon wieder? Aber er hatte wohl eine gewisse Zuversicht, dass ich alles gut überstehen würde. Während meine Mutter eine super Kindermutter war, denke ich, dass mein Vater mit kleinen Kindern eher nicht so viel anfangen konnte. Darum bekamen wir diesen richtig guten Draht zueinander erst, als ich in der Schule war.

Mein Vater bot uns weniger die kontinuierliche Alltagssicherheit – die bekamen wir von unserer Mutter. Er war jemand, der hin und wieder kleine besondere Events für uns Kinder veranstaltete. Wir dachten uns zusammen Theaterstücke aus, bauten Höhlen oder spielten mit Marionetten. Es war immer etwas ganz Besonderes, nichts Alltägliches. Einmal kaufte er mit meiner Schwester und mir in der Stadt Farben und Zeichenblöcke. Dann gingen wir zu dritt auf den Dachboden und malten dort gemeinsam viele Bilder. Danach gab es eine kleine Ausstellung, und die ganze Familie, inklusive Großeltern, musste daran entlang flanieren und sich unsere Werke angucken. Das waren ganz besondere Tage, die ich immer in Erinnerung behalten werde. Mein Vater

war damals noch einfacher Abgeordneter und häufiger zu Hause, aber trotzdem war es ein Ereignis, dass er sich dafür Zeit nahm. Als ich zwölf, dreizehn war, gab es in meinem Leben einen großen Wendepunkt. Eine sehr gute Freundin von mir hatte sich das Leben genommen. Das ging mir sehr nahe, und ich fühlte mich lange Zeit sehr schlecht. Ich hatte große Schuldgefühle, weil ich ihr nicht hatte helfen können und zog mich in diesen Jahren der Pubertät ganz in mich zurück. Ich konnte mit niemandem darüber sprechen, auch mit meinem Vater nicht.

Erst als ich aus dem tiefsten Loch wieder heraus war, etwa in der Abiturzeit, fingen mein Vater und ich an, uns über alle möglichen Themen auszutauschen. Über Literatur, über Filme, wo wir fast nie einer Meinung waren, außer, was Barbra Streisand angeht, über Ausstellungen, die wir zusammen besuchten. Mein Vater ist derjenige, der mich über den Intellekt an Dinge herangeführt hat, der meine Liebe zur Literatur geweckt hat, auch die Liebe zur Bildenden Kunst und zur Klassischen Musik. Er schenkte mir häufig Bücher, von denen er wusste, dass sie mich interessierten, und legte mir darüber hinaus immer mal wieder etwas von seinen Büchern aus seiner eigenen Bibliothek hin. Aber das wollte ich nicht lesen. Ich war so superjung und hatte das Gefühl, das wäre alles viel zu verstaubt für mich. Heute denke ich manchmal, vielleicht sollte ich es mit den Büchern, die er mir damals empfohlen hat, doch noch einmal versuchen. Grundsätzlich konnte ich dadurch, dass ich in einem Haushalt lebte, in dem es sehr viele Bücher gab, die Erfahrung machen, dass Lesen ein Lustgewinn ist, und dass man über Bücher wunderbar diskutieren kann. Damit hängt sicher auch zusammen, dass ich schon in der Grundschule wusste, dass ich später einmal Bücher schreiben würde. Was mein Vater dazu sagte, war mir egal. Es war eher wie: Passt mal auf! Ich sag euch das jetzt. Was ihr darüber denkt, ist mir egal. Ich werde es so machen. Fertig. Ich bin ich.

Das Wort Vatertochter begleitet mich seit der Kindheit, weil meine ältere Schwester schon immer den engeren Draht zu unserer Mutter hatte und ich zu unserem Vater. Wobei das natürlich nicht bedeutet, dass wir uns mit dem jeweils anderen Elternteil nicht verstehen, sondern die Beziehung funktioniert einfach auf einer anderen Ebene.

MIRJAM MÜNTEFERING

In dieser Zeit, zwischen meinem zwölften und neunzehnten Lebensjahr, so lange, bis ich nach dem Abi von zu Hause auszog, ist es mir sehr schwer gefallen, das Gespräch zu suchen. Das bezieht sich nicht nur auf meinen Vater. Daraus entwickelte sich, dass ich, wenn ich irgendwelche Konflikte hatte, erst einmal versuchte, sie per Brief zu lösen. Oder dass ich versuchte, mir durch Tagebuchschreiben über meine Gefühle in bestimmten Situationen klar zu werden. Das war sicher auch ein Schutzmechanismus, weil ich wusste, dass ich bestimmte Reaktionen nicht würde auffangen können. Darum stand für mich auch schnell fest, dass ich meinen Eltern einen Brief schreiben würde, um ihnen mitzuteilen, dass ich lesbisch bin. Ich hatte ihnen immer nur erzählt, wenn ich mich in Jungen verliebt hatte, aber nicht, wenn ich diese Gefühle für Mädchen erlebte. In der Pubertät war ich mir darüber selbst noch nicht im Klaren, obwohl ich auf dem Schulhof immer nach demselben Mädchen Ausschau hielt und dann ständig mit ihr herumhing. Erst, als ich mich mit achtzehn so richtig in eine Frau verliebte, wurde mir bewusst, dass dieses Gefühl dasselbe ist, das andere Mädchen mit Jungen erleben. Und da habe ich mir dann gesagt: Okay, ich bin also lesbisch. Als ich dann mit zwanzig meine erste Freundin hatte, wuchs das Bedürfnis, es meinen Eltern zunächst in einem Brief zu erzählen. Ich war relativ sicher, dass ich damit bei ihnen gut aufgehoben war. Ich kann mich nicht daran erinnern, zu Hause jemals etwas Diskriminierendes über Schwule oder Lesben gehört zu haben und hatte das Vertrauen, dass meine Eltern mich so nehmen, wie ich bin. Ich hatte dann später sogar das Gefühl, dass mein Vater damit besser umgehen konnte, als mit den ein, zwei Freunden, die ich in der Pubertät hatte. Und darüber, dass er vielleicht im katholischen Sauerland Wähler verlieren könnte, wenn sich herumspricht, dass seine Tochter auf Frauen steht, habe ich nicht nachgedacht. Es wäre mir auch egal gewesen. Aber mein Vater ist sowieso sehr souverän und gelassen damit umgegangen. Mein Leben wurde insgesamt wenig davon beeinflusst, dass ich Tochter eines

MIRJAM MÜNTEFERING

Politikers war. Was mir nur tierisch auf den Nerv ging, war, dass ich in bestimmten Unterrichtsfächern wie Politik und Sozialwissenschaften sowohl von den Lehrern als auch von den Mitschülern immer zu hören bekam: Mirjam, du musst das doch wissen! Davon habe ich mich immer abgegrenzt.

Sicher war mein Vater durch seine berufliche Position sehr in Anspruch genommen, und viele Schwierigkeiten in der Familie mussten ohne ihn gemeistert werden. Aber es war mir lieber, einen Vater zu haben, der von Montag bis Freitag nicht da war, dafür aber am Wochenende Zeit hatte und mit uns picknicken ging oder Spaziergänge machte, als einen Vater, der jeden Abend auf dem Sofa vor dem Fernseher sitzt, Beine hoch, Bierflasche in der Hand, der zwar da ist, aber eigentlich doch nicht da ist. Dennoch habe ich manchmal gedacht: Wenn er doch jetzt hier wäre!

In der Trennungsphase meiner Eltern haben wir ziemlich häufig miteinander gesprochen. Ich war Anfang zwanzig, und diese Zeit nach der Zurückgezogenheit in der Pubertät bot uns die Chance, unsere Beziehung intensiver zu gestalten. Das haben wir auch gut genutzt. Ich denke, das gibt es selten, dass Väter zusammen mit ihren Töchtern die alte Beziehung noch einmal reflektieren, beziehungsweise auch etwas über die neue erzählen. Und dass auch die Töchter sagen können: Ja, das ist bei mir in der Beziehung auch gerade so und war auch mal so und so. Wir konnten voneinander lernen und kamen uns näher, weil wir uns voneinander erzählten, aber auch gleiche Dinge erlebten und Gleiches empfanden. Es war für mich ganz wichtig, dass er mit seinen Problemen zu mir kam, denn er war natürlich ein sehr »großer« Vater, in gewisser Weise auch eine Respektsperson, zu der ich immer aufgeschaut habe und von der ich dachte: Toll, was der schon alles erreicht hat. Man musste nur auf irgendein Dorffest gehen, und schon hatte man zwanzig Leute um sich, die ihm auf die Schulter klopften und toll hier und toll da sagten. Das prägt sich natürlich ein und gibt einem irgendwann das Gefühl,

der eigene Vater ist etwas Großes, und da muss ich mich ziemlich abstrampeln, um auf seine Ebene zu kommen. Und dann kommt er plötzlich zu mir und sagt: Ich weiß nicht, ob ich etwas falsch gemacht habe, und ob ich auf dem richtigen Weg bin, und ich fühle mich jetzt so und so. Er suchte vielleicht nicht unbedingt Rat, aber er teilte sich mir auf menschliche Weise mit. Seitdem haben wir ein vertrautes Verhältnis. Ich kann ihm erzählen, wenn es mir nicht gut geht, oder wenn es irgendeine Krise in meinem Leben gibt. Weil wir uns so selten sehen, brauchen wir, wenn wir uns jetzt treffen, allerdings erstmal ein bisschen Zeit, um warm zu werden. Da werden dann ein paar Neuigkeiten ausgetauscht, jeder erzählt, was gerade aktuell bei ihm Sache ist. Wenn wir die Aufwärmphase hinter uns haben, spüre ich, jetzt bin ich bei ihm am Kern.

In mancher Hinsicht bin ich meinem Vater bestimmt ähnlich. Allerdings kann ich die Ähnlichkeiten weniger gut erkennen als das, was uns unterscheidet. Ich glaube, ich bin viel, viel dünnhäutiger als er. Ich bin nicht so gelassen wie er, sondern sehr empfindlich, leicht zu verletzen, und ich lasse mich schnell verunsichern. Mein Vater hat sich, glaube ich, durch die Politik eine dicke Haut angeschafft, die er zu seinem Schutz braucht. So etwas habe ich gar nicht, und deswegen wäre es für mich auch nie in Frage gekommen, in die Politik zu gehen. In einer Sache habe ich schon ein bisschen triumphiert, weil er mir Recht geben musste. Es ging um Freundschaften. Kleine Zankereien um dieses Thema hatten wir schon in der Pubertät. Ich litt immer furchtbar und ging durch alle Höhen und Tiefen, und er riet mir: Lege nicht so viel Wert darauf, du gehst ja völlig unter, wenn du dich verliebst und unglücklich bist. Er versuchte, mir das Ganze ein bisschen leichter zu machen, indem er sagte: Du bist im Leben immer alleine, egal, mit wem du dich zusammen tust, ob es Freundschaften sind oder Liebesbeziehungen. Das konnte ich nie nachempfinden. Ich dachte immer, nein, er hat Unrecht, wenn man den richtigen Menschen findet, ist man nicht einsam und nicht allein. Ich glaube, das hat er später auch

gelernt. Da habe ich ein bisschen triumphiert. Mein Vater ist eitel, aber nicht in dem Sinne, dass er gut aussehen möchte, sondern, dass er etwas erreichen will; er möchte durch das, was er tut, wohl auch eine Spur hinterlassen. Darin sind wir uns sicher ähnlich. Bücher schreibt man ja auch, weil man etwas hinterlassen will. Und er ist ein Mensch, der unheimlich gut im Team arbeiten kann. Ich sehe ihn, wie schon früher beim Fußball, als Mannschaftskapitän, als einen, der alles zusammenhält. Das ist übrigens auch ein großer Unterschied zu mir. Ich bin eher eine Alleingängerin. Aber er ist für mich jemand, zu dem ich großes Vertrauen habe. Wenn mir etwas auf der Seele liegt, könnte ich wohl zu ihm gehen. Früher haben wir bei Konflikten sehr viel geschwiegen. Wenn sich das geändert hat, dann sicher zum einen, weil ich in meinen Beziehungen gelernt habe, dass durch Schweigen nichts gelöst wird, und zum anderen, weil auch er vielleicht in seiner neuen Beziehung dazugelernt hat. Jedenfalls fällt es uns heute leichter, auch über schwierige Dinge zu reden.

Ich schicke ihm meine Bücher, aber wir sprechen selten darüber, weil ich glaube, dass einige bestimmt nicht das sind, was er sich unter Literatur vorstellt, oder was er selbst lesen würde. Aber das ist mir egal. Ich schreibe meine Geschichten. Trotzdem merke ich, dass er stolz darauf ist, wenn er in einem Buchladen Bücher von mir ausgestellt sieht. Einmal wurde er tatsächlich gefragt, ob er mein Vater sei, und das amüsierte ihn. Da war es einmal anders herum als sonst.

Ich hoffe, dass wir in Zukunft ein bisschen mehr Zeit füreinander finden werden. Ich muss ihn nicht unbedingt häufiger als drei- bis viermal im Jahr sehen. Aber dann auch mal für zwei oder drei Tage, sodass wir wenigstens einen Hauch von Alltag miteinander erleben können. Ich kann ihn mir gut als alten Mann vorstellen, aber nicht tatterig, debil oder irgendwie gebrechlich. Nein, das kann und will ich mir nicht vorstellen. Das würde gar nicht zu ihm passen.

Wir gehen gern spazieren und haben auch ein paar kleine Insider-Sachen, die wir teilen: eine bestimmte Symphonie von Beethoven hören oder bestimmte Lieder von Édith Piaf oder Juliette Gréco, also Dinge, die uns von früher her verbinden. Aber im Wesentlichen wird geredet, geredet, gegessen und spazieren gegangen.

FRANZ MÜNTEFERING Als Kind war Mirjam schon sehr früh lebhaft, neugierig, selbstbewusst und auch sehr eigensinnig. Wir hatten von Anfang an eine sehr enge Beziehung. Als Vater hat man ja das Gefühl, dem einen muss man mehr helfen, dem anderen weniger. Ich war immer überzeugt, dass Mirjam einen möglicherweise schwierigen, aber selbstbewussten Weg für sich selbst finden wird. Als sie fünf oder sechs Jahre alt war, machte sie einmal einen Ausspruch, den ich mir aufgeschrieben habe. Ich kann mich nicht mehr erinnern, worum es eigentlich ging. Jedenfalls sagte sie: »Ich bin ich. Was mit mir passiert, entscheide ich.« Das fand ich mein Leben lang weise, aber so ist sie. Mirjam war ein sehr lebendiges Kind, sie stürzte oft und hatte dadurch immer mal wieder hier und da und dort eine Wunde. Immer passierte ihr etwas, das war typisch. Einmal guckte sie durch das Fenster im Flur und fiel gleich die Treppe herunter. Oder sie ging mit Oma und Opa spazieren, ein Schäferhund riss sich los, und wen fiel er an? Mirjam. Am Auge hat sie noch eine Narbe davon.

Auch ein anderes Erlebnis mit ihr bleibt mir unvergessen. Wir waren im Urlaub, und Mirjam hatte zusammen mit ihrer Schwester drei oder vier Filme verknipst. Anschließend waren auf den achtzig Bildern nur Pferde zu sehen, und Mirjam erklärte mir: Das ist Toni und das ist Recker, und man sah Pferde von vorn, Pferde von hinten, Pferde von oben, Pferde von unten. Die ersten Kinderjahre haben wir intensiv als Familie erlebt. Ich arbeitete vor Ort und hatte viel Zeit. Als ich das erste Mal in den Bundestag kam, und damit die Arbeit in Bonn begann, war Mirjam sechs Jahre alt, meine ältere Tochter zehn Jahre. In den folgenden Jahren hatten wir sicher zu wenig Zeit füreinander. Das hing aber nicht zwingend mit meinem Beruf zusammen. Jeder hatte seine eigenen Interessen, und das führte dazu, dass wir nicht so intensiv zusammenlebten, wie ich es mir im Nachhinein

> Mirjam war ein sehr lebendiges Kind, sie stürzte oft und hatte dadurch immer mal wieder hier und da und dort eine Wunde. Immer passierte ihr etwas, das war typisch.

gewünscht hätte. Mirjam fühlte sich sicher manchmal allein bei uns, aber sie wusste auch, dass ich jederzeit ansprechbar war. Als sie etwas älter war, begannen wir, intensiv miteinander zu sprechen. Wir waren in einem guten Dialog über das Leben, den Sinn des Lebens, über Menschen, über Kultur, Literatur und Musik. Ich war nicht streng, eher neigte ich zum anderen Extrem, ganz gezielt. Ich wollte den Kindern Luft lassen. Ich glaube, dass man mit Strenge relativ wenig machen kann. Man muss sich von der Vorstellung trennen, dass man die Kinder formen kann, wie man will. Das ist falsch. Sie müssen ihren Weg selbst finden, und dabei muss man ihnen helfen, mehr kann man nicht tun. Ich glaube, dass die Kinder das Gefühl von Freiheit und Sicherheit, die Kombination von beidem, gewinnen müssen.

Ich bin sicher, dass Mirjams Verhältnis zu Büchern und Bildern von dem, was sie zu Hause erlebt hat, mitgeprägt ist. Wenn ich meine Bücher aufschlage – ich habe jetzt den Camus mal wieder gelesen – sind sie vollgekritzelt von meinen Töchtern, die noch nicht schreiben konnten. Obwohl mir Bücher sonst heilig sind, habe ich sie ihnen nie weggenommen. Während ich las, saßen Mirjam oder ihre Schwester oft auf meinem Schoß und malten dabei in die Bücher. Dadurch gewinnen Kinder ein bestimmtes Verhältnis zu solchen Dingen, die gehören dann zu ihrem Leben dazu. Und vielleicht ist es das, was man ihnen mehr als alles andere mitgeben kann. Und man kann ihnen zeigen: Wenn du mich brauchst, kannst du dich darauf verlassen, dass du mich erreichen kannst. Mirjam schwärmte sehr für Jungen, und ich musste mit ihr zum Sportplatz fahren, damit sie die Burschen sehen konnte, aber eigentlich lebte sie in einem engen Freundeskreis von Mädchen. Aus diesem Freundinnenkreis hat sich dann ein Mädchen mit etwa vierzehn Jahren umgebracht. Das war ganz fürchterlich für Mirjam. Für uns alle.

FRANZ MÜNTEFERING

Inzwischen hat es sich zwischen Mirjam und mir über die Jahre so entwickelt, dass wir wie Erwachsene miteinander sprechen, wie Freunde, auf gleicher Augenhöhe.

Je erwachsener Mirjam wurde, desto mehr kamen wir ins Gespräch, und zwar nicht in der Art »der Vater weiß alles und die Tochter fragt«, sondern wir konnten uns auf einer gemeinsamen Ebene austauschen. Man lernt als Eltern leider sehr spät, was Erziehen bedeutet. Zuerst denkt man, das sei leicht. Dann merkt man, dass es eine schwierige Sache ist. Man meint, man hätte den Vorteil dessen, der das Leben gelebt hat, und der es kennt. Aber in Wirklichkeit ist es natürlich viel komplizierter. Fertig ist keiner von uns. Nie. Und insofern darf man sich gegenüber Kindern oder Heranwachsenden nie auf die Position stellen: Ich weiß, wie es ist und weiß es besser als ihr. Für mich waren die Familie und meine Kinder ein großes Geschenk.

Mirjam schrieb uns, als meine damalige Frau und ich im Urlaub waren, dass sie lesbisch sei. Nicht fragend, sondern als definitive Tatsache: So sei das nun. Und im selben Brief teilte sie uns auch mit, dass sie aus der katholischen Kirche austrete. Ich habe sie gleich angerufen und gesagt: Der Brief ist angekommen. Wir reden, wenn wir zu Hause sind. Wenn du dich zu solchen Dingen entscheidest, wie aus der Kirche auszutreten, dann weiß ich, dass du darüber nachgedacht hast und das nicht leichtfertig machst. Und das mit dem Lesbischsein, darüber musst du dir keine Sorgen machen. Das ist normal wie andere Dinge auch. Es klingt ein bisschen komisch, aber es hat mich nicht besonders berührt, weder negativ noch positiv. Ich habe nur darüber nachgedacht, was ich tun muss, damit Mirjam gut und vernünftig damit leben kann. Meine Position in der Öffentlichkeit war mir egal. Ich denke, dass wir in Deutschland weiter sind, als manche das glauben. Aber ich habe schnell gelernt, dass es für junge Menschen, die ihre sexuelle Prägung erkennen, schwer ist, mit ihrer Homosexualität klarzukommen. Und dass man vor allen Dingen nützlich sein kann, wenn man ihnen zeigt, dass man für sie ein Ansprechpartner ist und schlichtweg dafür sorgt, dass sie möglichst normal leben können. Bei einer solchen

Sexualität entwickelt sich schnell ein Außenseitergefühl, und das muss man verhindern. Ich habe deshalb auch bei Biolek, Beckmann und Kerner und bei anderen Gelegenheiten darüber gesprochen. Mir war klar, dass ich in meiner Funktion Eltern und jungen Leuten helfen kann, wenn ich sage: Das ist nichts Besonderes. Das ist Leben. Normal. Das ist ganz wichtig, denn ich glaube, dass immer noch viel Unglück dadurch entsteht, dass die Eltern nicht damit fertig werden, oder die Kinder nicht, oder Opa und Oma nicht. Insofern ist es nützlich, wenn man ganz offen darüber spricht.

Mirjam hatte immer alle möglichen Ideen und hat sich dann auch sehr früh abgenabelt. Als sie ihr Abitur hatte, wollte sie gleich aus der Familie weg. Ich als Vater erlebte das mit zwiespältigen Gefühlen. Ich fragte mich, ob ich etwas falsch gemacht hätte, und warum sie von uns weg wollte. Aber es war natürlich das notwendige Abnabeln, die Befreiungsaktion. Im Nachhinein finde ich, dass sie das genau richtig gemacht hat. Und es war typisch für sie, dass sie eine eigene Vorstellung von ihrem Leben hatte.

Inzwischen hat es sich zwischen Mirjam und mir über die Jahre so entwickelt, dass wir wie Erwachsene miteinander sprechen, wie Freunde, auf gleicher Augenhöhe. Wir reden meistens über Bücher und solche Sachen, aber auch über ganz konkrete praktische Probleme. In den Phasen, wenn Mirjam Liebeskummer hatte, haben wir viel häufiger miteinander gesprochen. Aber je besser es ihr geht, umso seltener treffen wir uns.

Wenn Mirjam ihre Freundinnen mitbrachte, waren das immer gute Erlebnisse. Die erste Freundin hatte sie über viele Jahre, und als das kaputt ging, machte sie eine sehr schwere Zeit durch. Sie hat Eifersucht und Liebesleid erlebt wie andere Menschen auch. Als sie ihre jetzige Freundin kennen lernte, meinte sie zu mir: Weißt du, ich habe in meinem Leben schon mehr Verhältnisse gehabt als du.

Ich habe eine ziemliche Gelassenheit und Ruhe in mir, daraus lebe ich. Sicher ist diese Gelassenheit meine größte Stärke, aber auch meine größte Schwäche. Manchmal ist es gut, wenn Menschen schneller explodieren, als ich das tue. Ich ziehe immer wieder alles gerade und sage mir, so sind die Menschen. Ich muss wohl aufpassen, dass ich nicht phlegmatisch oder zynisch werde. Man muss sich noch aufregen können. Aber mit mir gibt es wenig Konflikte. Meine Ehe scheiterte, als Mirjam dreiundzwanzig war. Wir haben lange und ausführlich darüber gesprochen, was eigentlich das Problem bei uns gewesen ist und kamen genau zu diesem Schluss: Es war bei uns nicht üblich, dass gestritten oder geschrien wurde. Wir haben uns alle verstanden und das – Mirjam und ich waren da derselben Meinung – vielleicht zu gut. Vielleicht habe ich dadurch, dass ich die Dinge immer glattzog und beruhigte, nicht wirklich eine Klärung ermöglicht, sondern alles mit Freundlichkeit überspielt. Auch das steckt in der Gelassenheit. Natürlich nützt mir Gelassenheit, weil ich dadurch sehr kontrolliert bin. Wann ich mich ärgere, entscheide ich – das ist so ein Spruch von mir, der von derselben Qualität ist wie Mirjams »Ich bin ich«. Wenn ich mir vorgenommen habe, mich nicht zu ärgern, dann kann da kommen was will. Das ist eine Tugend, aber eben auch eine Schwäche. Du kannst sagen, was du willst, ich ärgere mich jetzt nicht. Darin steckt auch eine gewisse Arroganz. Mirjam hat mich neulich daran erinnert: Du hast mir irgendwann mal gesagt, du bist dreimal so alt wie ich. Jetzt bist du nur noch doppelt so alt. Und darin spiegelt sich die Veränderung in unserem Verhältnis wider. Der Vater, der für seine kleinen Kinder sozusagen die ganze Welt darstellt, ist man dann nicht mehr. Sie beurteilen ihn nüchterner, sicher auch realistischer, sie kennen seine Stärken und Schwächen. Aber auf der anderen Seite erkennen sie auch, dass man mit dem Kerl etwas Vernünftiges bereden kann und dass er, wenn es nötig ist, auch für sie da ist.

Das Talent zum Schreiben hatte Mirjam schon in der Schule. Als sie anfing, Romane zu schreiben, wusste ich zuerst nicht, ob es ihr um das Schreiben mit sich selbst ging, ob das sozusagen der eigene Klärungsprozess ist. Aber ich glaube, dass sie inzwischen so weit ist, dass sie das Schreiben als Beruf begreift, als Sache, in der sie mit immer neuen Ideen Leute ansprechen kann. Mirjam ist jetzt wirklich erwachsen geworden, und ich habe im Moment keine Sorgen um sie. Ich würde ja nie sagen, dass es so bleibt, wie es ist, denn Menschen entwickeln sich immer weiter. Aber im Moment ist sie in einer sehr guten und stabilen Verfassung, ist glücklich. Ich wünsche ihr, dass das so bleibt.

FRANZ MÜNTEFERING 133

»Und endlich, Weihnachten 2001, wurde alles anders. Nina schrieb zum ersten Mal zurück ...«

DAGMAR GROSS

NINA PROLL

»Durch den neuen Kontakt zu meiner Mutter hat sich etwas in mir gelöst, und ich kann jetzt auch meine weibliche Seite mehr anerkennen.«

NINA PROLL

Mir war immer bewusst, dass jeder Mensch in der Kindheit entweder mehr der Mutter oder mehr dem Vater zugetan ist. Ich habe mich immer als absolute Vatertochter – bei uns sagt man Papamädel – gesehen. Als meine Eltern sich trennten, war ich drei oder vier, und mein Bruder und ich wohnten von da an mit meinem Vater bei meiner Großmutter auf dem Lande. Alle zwei Wochen besuchte uns meine Mutter, oder wir fuhren zu ihr nach Wien. Sicher werden viele Menschen durch die Situation, in der sie aufwachsen, gezwungen, sich zwischen den Eltern zu entscheiden. Ich merke heute, dass mich das doch ziemlich belastet hat, obwohl ich es damals nicht so gewusst habe und immer dachte, meine Mutter sei nicht so wichtig für mich. Durch die Scheidung hatte ich ganz stark das Gefühl, ich müsse mich für den Papa entscheiden. Meine Mutter war für mich die Böse, weil sie weggegangen war, und darum konnte ich die Liebe zu ihr gar nicht akzeptieren. Erst in den letzten Jahren, seit ich erwachsener bin, hat sich das geändert. Irgendwann habe ich entdeckt, dass ich meine Mutter immer sehr geliebt habe, dass ich sie immer vermisst habe und deswegen wahrscheinlich auch manchmal grob und hart zu ihr gewesen bin. Und darum wollte ich auch mit meiner Mutter zusammen in diesem Buch sein.

Ich glaube, dass ein Vater einem andere Dinge geben kann als eine Mutter und umgekehrt. Eine Mutter ist sanfter und zärtlicher, irgendwie weicher, sie kann einen ernähren, auch die Seele nähren. Ein Vater hat mehr Autorität, er kann einen beschützen, er ist stärker, also physisch stärker. Die frühen Erinnerungen an meine Mutter sind natürlich mit einem wehmütigen Gefühl verbunden. Jedes zweite Wochenende das Warten, bis die Mama kommt, die schönste Mama der Welt, wie ich sie als Kind sah. Wir haben uns zwar total auf sie gefreut und waren voller Erwartung, aber wir wussten auch immer, es sind nur zwei Tage, und dann ist sie wieder weg. Die Abschiede waren immer furchtbar. Ich erinnere mich noch gut an die Situation, als sie uns erzählte, sie sei

Tochter sein bedeutet, dass man sich kleiner fühlt als die anderen, dass man zu Vater und Mutter aufschauen kann, dass es Leute gibt, die schon vor einem da waren und man selbst erst später dazugekommen ist. Und dass man halt Kind ist und für seine Eltern ein Leben lang Kind bleibt, auch wenn man erwachsen wird.

wieder schwanger. Ich merkte, dass sie sich total freute, während ich selbst das überhaupt nicht haben wollte. Sie war eh schon nicht da, da wollte ich sie nicht auch noch teilen müssen. Ich war damals acht Jahre alt, und das war ein großer Einschnitt für mich. Nachdem meine Schwester auf der Welt war, war unser ganzes Verhältnis von Eifersucht geprägt. Heute verstehe ich mich mit meiner Schwester Nadine gut. Ich war ja auch nicht böse auf sie, ich war nur auf die Situation total böse.

Als ich etwa zwölf war, sind wir vom Land zu meinem Vater nach Wien gezogen, wo ja auch meine Mutter lebte. In der Pubertät bedrängte mich meine Eifersucht dann wirklich stark. Ich war mit mir selbst unzufrieden und unglücklich, und in dieser Zeit entfernte ich mich innerlich von meiner Mutter. Natürlich habe ich ihr vorgeworfen, dass sie als Mutter nicht für mich da war. Damals ist mein Bruder witzigerweise zu ihr gezogen. Da war ich dann mit meinem Vater allein und ließ nur ihn und seine Familie gelten. In dieser Zeit ging die zweite Ehe meiner Mutter in die Brüche, was mich auch total belastete. Ich wollte damit nichts zu tun haben und zog mich ganz von ihr zurück. Ich konnte selbst gar nicht genau sagen, warum ich sie immer von mir stieß, oder was ich eigentlich an ihr nicht mochte. Ich fühlte mich irgendwie von ihr verraten, obwohl ich eigentlich wusste, dass sie den Kontakt zu mir wollte und meine Nähe suchte. Jetzt im Nachhinein weiß ich, dass ich immer noch beleidigt war wie mit drei Jahren, weil ich damals nicht bekommen konnte, was ich gebraucht hätte.

Ein Thema zwischen uns war immer, dass ich mich so schrecklich anziehe. Ich hatte verschiedene Modephasen, und es gab Zeiten, da lief ich immer nur in Jeans und schwarzen Pullis herum. Das tat ich natürlich aus Trotz, und das hat meine Mutter wahnsinnig gemacht. Ich bin dennoch sicher, dass meine Mutter mich sehr geprägt hat. Dadurch, dass sie aus ihrer ersten Ehe gegangen ist, ist mir klar geworden, dass man, wenn man unglücklich ist, auch gehen kann, dass man selbst entscheiden kann, wie man sein Leben führen will. Das

habe ich verinnerlicht, und dadurch kann ich die Trennung meiner Eltern auch irgendwie positiv sehen, obwohl ich meine Mutter gerade deswegen entbehren musste. Heute merke ich, dass sie für mich ein großes Schönheitsideal ist, und Frauen, die ihr ähnlich schauen oder so einen ähnlichen Stil haben wie sie, haben mir immer gefallen. Jetzt freue ich mich auch, wenn jemand sagt, dass wir uns ähnlich schauen. Sie interessiert sich sehr für Mode und Inneneinrichtung, und das habe ich von ihr übernommen. Manchmal ist sie, obwohl sie selbstständig ist und als absolute Karrierefrau die Firma ihres Vaters führt, als Frau total Weibchen. Das ist eigentlich ein Widerspruch.

Die Abgrenzung von meiner Mutter muss ich nicht irgendwie künstlich herbeiführen. Ich fühle mich als eigenständige Persönlichkeit. Früher wollte ich immer demonstrativ zeigen, dass ich anders bin als meine Mutter und habe mich auch anders angezogen und anders benommen. Das brauche ich jetzt nicht mehr. Unser neues, vertrauteres Verhältnis hat vor etwa drei Jahren begonnen. Ich hatte ja den Kontakt ganz abgebrochen, und wir haben uns gar nicht mehr gesehen. Aber dann habe ich gemerkt: Sie fehlt mir. Mit einem Brief versuchte ich die erste Annäherung. Ich durchschaute selbst nicht, was ich wollte, ich merkte nur, dass es so, wie es war, nicht gut war, und dass ich etwas ändern wollte. Ich habe mich über mich selbst gewundert und war mir nicht sicher, ob ich wirklich mit ihr Kontakt haben wollte, oder ob es mir nicht doch besser ginge, wenn ich sie nicht sehe. In dieser Verwirrung hat mir eine Therapie geholfen. Eine Gesprächstherapie und auch eine Familienaufstellung, wo man verschiedene Familienkonstellationen nachstellt. Das hat mir die Augen geöffnet, und da wusste ich, dass es richtig ist, den Kontakt zu meiner Mutter zu suchen. Wenn man seine eigene Mutter nicht akzeptieren kann, kann man auch sein eigenes Frau-Sein nicht so richtig ausleben. Das habe ich auch an mir festgestellt, ich benahm mich irgendwie maskulin, fühlte mich teilweise auch so und konnte etwas

Weiblicheres gar nicht zulassen. Auch deswegen bin ich froh, dass sich durch den neuen Kontakt zu meiner Mutter etwas in mir gelöst hat, und dass ich jetzt auch meine weibliche Seite mehr anerkennen kann, was ich früher immer schwächlich fand. Ich fühle mich jetzt anders, auch wenn der Unterschied vielleicht für andere, die mich kennen, nicht so erkennbar ist.

Wenn wir Zeit haben und ich in Wien bin, treffen wir uns, meistens zum Essen, und sonst telefonieren wir, was wir früher nie gemacht haben. Wir haben ähnliche Interessen und können uns gut unterhalten. Sie hat großes Interesse an meiner Arbeit und wie es mir dabei geht. Sie schaut sich meine Filme an und kann sehr kritisch sein, allerdings hat sie in letzter Zeit überwiegend wohlwollend geurteilt. Bei den Filmen, die ich hier in Österreich gemacht habe, ist mein Vater der Kritische; ihn schockieren die kaltblütigen und tristen Milieustudien. Da ist meine Mutter viel toleranter.

Eigentlich hatte keiner damit gerechnet, dass ich Erfolg haben könnte. Manchmal habe ich meiner Mutter etwas vorgespielt, einen Song, den ich aufgenommen habe oder so. Das fand sie dann schon ziemlich toll, aber mein Bühnenerfolg war für alle eine Überraschung, weil in meiner Familie niemand mit dem Metier zu tun hat. Sie sind alle aus der Wirtschaft. Allen geht es ums Geld, um Kaufen und Verkaufen. Mich hat das nie so interessiert, ich wollte auf die Bühne und habe im Stillen, also eher heimlich, noch während der Schulzeit Unterricht genommen. Ich erinnere mich, dass mir der Wunsch ein bisschen peinlich war. Ich wollte es erstmal geheim halten, und wenn ich dann gut wäre, wollte ich es ihnen zeigen. Ich habe sie dann vor vollendete Tatsachen gestellt. Nach der Matura habe ich Aufnahmeprüfungen gemacht, und ein Jahr später bin ich bei einer Musical-Schule, also einer Schule für Singen, Tanzen, Schauspielern, angenommen worden. Damit waren dann beide Eltern auch einverstanden. So eine Schule machte Sinn, und darum zahlten sie mir das Studium,

NINA PROLL

obwohl beide, sowohl mein Vater als auch meine Mutter, es lieber gesehen hätten, dass ich etwas »Richtiges« studiere.

Wenn ich einmal eine Tochter haben sollte, wäre ich wahrscheinlich strenger als meine Mutter. Bei mir hatte sie nicht viele Möglichkeiten, streng zu sein. Aber auch meiner Schwester wurde alles erlaubt. Und das würde ich nicht so machen. Ich denke, dass ein Kind Grenzen braucht, weil es immer unzufriedener wird, wenn es alles darf. Meine Eltern haben lange hin und her gestritten, wer uns letztendlich kriegt. So etwas will ich nicht erleben, und deswegen steht für mich heute fest, dass ich mich nie scheiden lassen will, auch wenn das bedeutet, dass ich vielleicht nie heiraten werde. Cathérine Deneuve hat einmal gesagt: Wozu heiraten, wenn man sich scheiden lassen kann? Das finde ich sehr treffend. Ich habe nie eine funktionierende Partnerschaft erlebt und weiß deswegen selbst nicht so genau, wie man eine Partnerschaft führt. Mein Vater hat kürzlich wieder geheiratet, und erst jetzt sehe ich: Okay, so kann das gehen. Da gibt es viele verschiedene Stimmungen, und so ist man dann zueinander. Das finde ich total interessant. Ich sehe, dass man so auch eine Ehe führen kann. Lange Zeit habe ich gedacht, entweder man streitet sich total, und dann ist es aus, oder es ist einfach langweilig, und man lebt in so einem Nebeneinander, wie ich es bei den Eltern von Freunden gesehen habe, die zusammen geblieben sind, bei denen man aber immer merkt, dass sie sich nichts zu sagen haben. Jetzt versuche ich herauszufinden, ob es auch etwas dazwischen gibt, zwischen Krieg und Nebeneinander.

Zu Konflikten lassen meine Mutter und ich es momentan gar nicht erst kommen. Da sind wir vorsichtig. Unsere neue Beziehung und die Nähe zueinander sind zu kostbar, als dass wir sie durch irgendetwas zerstören wollten. Vielleicht kommen solche Konflikte später noch. Ich wünsche mir für uns, dass unsere Beziehung immer stabiler wird. Dass sie sich einfach normalisiert und wir Höhen und Tiefen gemeinsam tragen können.

Die Abgrenzung von meiner Mutter muss ich nicht irgendwie künstlich herbeiführen. Ich fühle mich als eigenständige Persönlichkeit.

NINA PROLL 141

DAGMAR GROSS
Meine Mutter hat sich mit meinem Vater zusammen gleich nach dem Krieg selbstständig gemacht und war immer berufstätig, sodass ich bereits mit sechs Jahren mit meinem Bruder ins Internat kam. Ich war als Kind nicht sehr mutterbezogen. Später änderte sich das, und heute haben meine Mutter und ich ein sehr liebevolles Verhältnis.

Nina und ihr älterer Bruder Claudius sind nur elf Monate auseinander. Zwei Monate nach Claudius' Geburt verkündete mir der Arzt, dass ich wieder schwanger sei. Und ich kann mich noch erinnern, dass ich hin- und hergerissen war zwischen Freude und Verzweiflung. Mir liefen die Tränen hinunter, und im nächsten Moment war ich wieder glücklich. Nina war ein wonniges Baby, und ich erinnere mich, als ich einmal an ihr Bettchen kam, und sie mich so anstrahlte, wie ich ganz plötzlich eine tiefe Liebe zu diesem süßen Kind spürte. Sie war wie ein kleiner Engel. Sie ist ja auf dem Lande aufgewachsen, und in ihrer Umgebung gab es fast nur Buben. Die Eltern dieser Buben, von denen viele sich auch ein Mädchen gewünscht hatten, waren wie verzaubert von ihr. Sie war ein Kind, das man einfach ins Herz schließen musste. Neben ihrem Charme hatte sie schon damals einen wachen Verstand und gewann jedes Monopoly- und Mühlespiel. Als Nina zweieinhalb war, begann ich wieder im elterlichen Unternehmen zu arbeiten, und als sich mein Mann ebenfalls selbstständig machte, entschlossen wir uns, die Kinder bei meiner Schwiegermutter wohnen zu lassen und sie dort auch in den Kindergarten und zur Schule zu schicken. Meine Schwiegermutter war alleinstehend und eine Seele von einer Frau. Sie wohnte auf dem Lande in einem entzückenden Haus, und die Kinder waren sehr vertraut mit ihr, weil sie schon wochenlang bei uns in Wien zu Besuch gewesen war, und wir bei ihr im Waldviertel Wochenenden und Ferien verbracht hatten. Mein Mann und ich fuhren dann immer am Freitagmittag zu

Ich habe unterschätzt, was es heißt, eine Sonntagsmutter zu sein, die nur zu Besuch kommt. Ich hatte keinen Einfluss, und alles, was Mutter und Tochter in diesen frühen Jahren normalerweise teilen, konnten Nina und ich nicht gemeinsam erleben.

ihnen und am Montag früh wieder nach Wien. Für die Kinder war es dort natürlich im Verhältnis zur Stadt wie im Paradies, und wir waren sehr froh, dass sie so aufwachsen konnten.

Als unsere Ehe in die Brüche ging, wollte ich meine Kinder wieder zu mir nach Wien holen, aber es wurde ein Kampf von drei Jahren. Am Schluss entschied der Pflegschaftsrichter, dass die Kinder bei Vater und Großmutter bleiben sollten. Die Begründung war, dass meine Schwiegermutter den ganzen Tag Zeit hätte, und die Kinder auch dort zur Schule gingen. Und dass es bei mir wegen meiner Berufstätigkeit viel schwieriger sei. Diese Entscheidung war für mich eine seelische Katastrophe. Was mich einigermaßen beruhigte, war, dass ich wusste: Meine Schwiegermutter ist da, sie mag mich, und sie wird dafür sorgen, dass die Kinder glücklich sind. Ich habe allerdings unterschätzt, was es heißt, eine Sonntagsmutter zu sein, die nur zu Besuch kommt. Ich hatte keinen Einfluss, und alles, was Mutter und Tochter in diesen frühen Jahren normalerweise teilen, konnten Nina und ich nicht gemeinsam erleben. Ich sah, dass überhaupt keine Aussicht bestand, meine Kinder zu mir zu holen, außer, wenn sie groß wären. Meine Mutter riet mir, noch ein Kind zu bekommen. Und auch wenn es nicht dasselbe war, weil Nina einfach etwas Besonderes war, bekam ich drei Jahre später noch eine Tochter, die Nadine – auch sie war natürlich etwas Besonderes. Nina war damals acht, und die Geburt von Nadine war, glaube ich, für sie ein großes Problem. Sie hatte das Gefühl, dass die Jüngste jetzt all das bekam, was sie sich immer von mir gewünscht hatte.

Einmal, als die Nina so zwölf, dreizehn war und ich sie im Waldviertel besuchte, bat sie: Mami, ich möchte so gern, dass du mit mir in die Schule kommst. Da bin ich mit ihr hingefahren, und in der Schule stellte sie mich ihren Freundinnen vor: Das ist meine Mama, das ist meine Mama. Und ich werde nie vergessen, wie ein

DAGMAR GROSS 143

Mädchen zu mir sagte: Wir waren alle schon so neugierig auf Sie. Nina redet ununterbrochen von Ihnen, und da wollten wir unbedingt mal sehen, wer Sie sind und wie Sie ausschauen. Mir wurde dadurch klar, wie sehr Nina sich doch eine Mama gewünscht hat, die immer da ist.

Als Nina dann so vierzehn, fünfzehn war, hatte ich trotz der Liebe und Fürsorge meiner Schwiegermutter das Gefühl, dass sie nicht glücklich war. Sie war in einem Alter, wo das durchaus normal ist. Ich wollte damals zu sehr Einfluss nehmen auf ihre Art, sich zu kleiden, und sie empfand das als Kritik an ihrer Persönlichkeit. Heute denke ich, sie hatte Recht. Ich habe mir inzwischen abgewöhnt, sie in ihrem Äußeren beraten zu wollen, weil ich das Gefühl habe, dass das etwas ist, was sie furchtbar gekränkt und belastet hat. Und wenn es mir auf der Zunge brennt und ich etwas sagen möchte, sage ich es nicht, weil ich weiß, dass es mich im Prinzip nichts angeht.

Nina war zu der Zeit sehr auf ihren Vater fixiert, und es fiel mir schwer, zu ihr durchzudringen. Egal, was ich machte, es kam immer eine stumme Anklage, so in dem Sinne: Du bist weggegangen. Aber das Schlimmste für Nina war, glaube ich, dass ich noch eine Tochter bekommen hatte und sie deswegen das Gefühl hatte, nicht mehr wichtig zu sein. Nadine war acht Jahre jünger und bekam, dadurch, dass sie bei mir lebte, mehr Zuwendung als die größere Nina. Ich denke, neben Nadine hat sich Nina benachteiligt gefühlt. Auf der anderen Seite glaube ich, dass Nina heute nicht das wäre, was sie ist, wenn sie diesen Konflikt nicht gehabt hätte und nicht zu kämpfen gelernt hätte.

Wenn wir uns sahen, weil Nina ihren Bruder, mit dem sie ein sehr enges und gutes Verhältnis hatte, bei mir besuchte, war sie reserviert, und es war keine Nähe zwischen uns. Als sie achtzehn war, hatte sie ihren ersten

DAGMAR GROSS

Nina wusste immer genau, was sie wollte und hat das auch in die Tat umgesetzt. Und was mir am allerbesten an ihr gefällt, ist ihre Bescheidenheit. Trotz ihres Erfolges ist sie genau so geblieben, wie sie immer war.

großen Liebeskummer. Sie merkte, dass ich eine Wut auf den Freund hatte und dachte: Wie kann der meiner Nina so etwas antun? Und da begann sie, so langsam davon zu erzählen, und ich tröstete sie. Sie tat mir so unendlich leid, und ich wollte sie die ganze Zeit nur festhalten und umarmen.

Nach dem Liebeskummer dachte ich, wir wären uns näher gekommen, aber es änderte sich nichts. Ich schrieb ihr zum Geburtstag, zu Weihnachten oder, wenn irgendein anderer Anlass war, lange Briefe. Und endlich, Weihnachten 2001, wurde alles anders. Nina schrieb zum ersten Mal zurück. Sie schrieb mir, dass sie unter unserem Verhältnis leide und das nicht mehr wolle. Der Tag, an dem ich diesen Brief bekam, war wirklich einer der schönsten Tage in meinem Leben. Nina entschloss sich, eine Familientherapie zu machen, und ich war sehr überrascht, wie sie darauf reagierte. Es war unglaublich! Sie kam zu mir, weinte ununterbrochen und sagte, sie hätte mich immer dafür verantwortlich gemacht, dass unsere Familie auseinander gebrochen ist. Aber wenn so etwas passierte, wären doch meistens beide Elternteile beteiligt. Sie habe immer ein gewisses Schuldgefühl gehabt, und diese Familienaufstellung habe ihr zum ersten Mal das Gefühl gegeben, dass sie dafür nichts kann. Sie am allerwenigsten.

Ich denke, ich konnte Nina ein gutes Frauenbild vermitteln. Ich glaube, ich bin eine recht erfolgreiche Geschäftsfrau, aber auch eine begeisterte Hausfrau und Mutter. Außerdem habe ich ihr gezeigt, dass man sich als Frau nicht abhängig machen soll; wenn eine Ehe nicht mehr funktioniert, sollte man sich nicht in irgendetwas hineindrängen lassen, selbst, wenn man Kinder hat, denn das eigene Leben ist zu wichtig.

Nina ist ein sehr verinnerlichter Mensch. Sie macht sich über alles viele Gedanken, über die Familie und darüber, wie ihre Zukunft aussehen soll. Sie ist sehr tiefgründig und hinterfragt alles und jedes. Was mir an ihr

Es ist schon sehr berührend, wenn ich im Kino sitze, und auf einmal steht auf der Leinwand in ganz großen Lettern: Nina Proll. Da schnürt es mir die Kehle zu.

so gefällt, ist, dass sie Ziele verfolgt. Viele Menschen setzen sich ein Ziel, und bei den ersten Schwierigkeiten suchen sie sich ein anderes. Nina wusste immer genau, was sie wollte und hat das auch in die Tat umgesetzt. Und was mir am allerbesten an ihr gefällt, ist ihre Bescheidenheit. Trotz ihres Erfolges ist sie genau so geblieben, wie sie immer war. Ihren Wunsch nach einem künstlerischen Beruf habe ich unterschätzt. Ich habe das überhaupt nicht so ernst genommen, dass sie Sängerin werden wollte, und sie hat ja auch nach der Matura zunächst Psychologie studiert. Ich dachte immer, dass sie bei ihrem scharfen Verstand sicherlich eine gute Juristin geworden wäre. Jetzt habe ich mich schon ein bisschen daran gewöhnt, dass meine Tochter im Rampenlicht steht. Am Anfang konnte ich es überhaupt nicht fassen, dass sie so großen Erfolg hatte. Aber ich mache mir darüber nicht viele Gedanken. Mir ist wichtig, dass sie das, was sie macht, gern macht und dass sie Freude dabei hat.

Es ist schon sehr berührend, wenn ich im Kino sitze, und auf einmal steht auf der Leinwand in ganz großen Lettern: Nina Proll. Da schnürt es mir die Kehle zu. In einem ihrer ersten Filme, einem Fernsehfilm von Felix Mitterer, wurde sie ermordet. Ich sah da vorn auf der Leinwand meine Tochter sterben, und es war so realistisch, dass ich wie versteinert dasaß.

Nina und ich haben wenig Zeit, wir sind beide viel unterwegs. Deshalb sitzen wir nicht jede Woche zusammen. Aber wir telefonieren. Und wenn sie in Wien ist, schauen wir, dass wir öfter einen Abend miteinander verbringen. Dann reden wir über alles Mögliche. Nina erzählt mir, welche Filme sie gerade macht, mit wem sie arbeitet. Auch über Partnerschaften unterhalten wir uns. Ich frage Nina auch: Wie schaut es aus, möchtest du ein Kind haben? Wenn ich in meiner Partnerschaft Probleme habe, frage ich sie nach ihrer Meinung und höre sehr genau zu, was sie sagt, weil ich weiß, dass sie sich wirklich Gedanken darüber macht. Auf jeden Fall wün-

sche ich mir für sie, dass sie irgendwann ein Kind bekommt, weil ich weiß, wie wunderschön das ist, und dass sie eine glückliche Beziehung hat. Ich wünsche mir für sie dieses Geborgensein in einer eigenen Familie. Der berufliche Erfolg ist nicht das Wichtigste und er fällt leichter, wenn man in seinem Privatleben ausgeglichen und zufrieden ist. Am Ende sind es die Bindungen, die Familie und die Freunde, was tatsächlich bleibt. Für uns beide wünsche ich mir, dass wir immer imstande sein werden, gemeinsam Probleme zu lösen und glücklich darüber sind, dass der andere da ist.

»Als Edda geboren wurde, war ich sehr stolz und glücklich und konnte meinen Vater gar nicht verstehen, der etwas enttäuscht war, dass es ein Mädchen war.«

JÜRGEN HEINRICH UMLAND

EDDA RASPÉ

»Als ich klein war, legte er mir beim Gehen immer seine Hand in den Nacken. Ich spüre noch seinen Griff, das war irgendwie ein Schutz. In dieser Kinderzeit war für mich klar: Ich heirate Papi.«

EDDA RASPÉ
Zu meinen frühen Erinnerungen zählt, wie ich vorne auf dem Fahrrad meines Vaters sitze, wenn wir am Wochenende kleine Touren machten. Ebenso habe ich seine Werkstatt vor Augen. Meine jüngere Schwester und ich spielten dort oft, denn die Werkstatt befand sich in dem Haus, in dem wir auch wohnten. Ich erinnere mich, dass mein Vater sehr viel arbeitete. Er spielte selten mit uns und war auch nicht besonders zärtlich, aber ich konnte jederzeit zu ihm kommen, wenn es Probleme gab; er war immer hilfsbereit und vernünftig. Später brachte er mich morgens zur Schule. Ich war klein, und er legte mir beim Gehen immer seine Hand in den Nacken, so schob er mich durch die Stadt. Ich spüre noch seinen Griff, das war irgendwie ein Schutz. In dieser Kinderzeit war für mich klar: Ich heirate Papi. Das war irgendwie gut. Eifersüchtig auf meine Mutter war ich nicht.

Nach der Schule musste ich bei ihm am Schreibtisch Schularbeiten machen, ich musste mein Heft immer etwas schräg halten, damit er sehen konnte, wie und was ich schrieb. Das war ihm sehr wichtig, und er ließ es auch nicht durchgehen, wenn ich schlecht schrieb. Mein Vater konnte sehr bestimmt sein. Er lachte nicht besonders viel. Nein, sinnlich war er nicht, das war eher meine Mutter. Er war immer der Ruhige, völlig Kontrollierte, Bedächtige und auch Wissende. Ich hatte den Eindruck, er weiß alles, und er kann alles. In gewisser Weise ist das bis heute so geblieben. Egal, welches praktische Problem sich stellt, es ist klar, dass er es lösen kann. Wenn er zum Beispiel das Auto packt, passt doppelt so viel hinein, als wenn wir es packen.

Ich wurde zwar nicht gerade verwöhnt, aber meine Eltern ließen mir meine Freiheiten, auch als es mit der Pubertät losging. Mein Vater fuhr mich sogar zu den Dorffesten. In der Schule hatte ich keinen besonderen Ehrgeiz. Die Lehrer in der Oberschule sagten immer: Was willst du hier eigentlich? Du wirst doch sowieso Goldschmiedin. Für mich war das eigentlich gar nicht so klar, jedenfalls haben wir nie richtig darüber gespro-

chen. Es ergab sich irgendwie, dass ich in der zehnten Klasse von der Schule abging und bei meinem Vater eine Lehre anfing. Er hatte eine große Werkstatt, und für mich waren Gesellen zuständig. Nachträglich sehe ich, dass ich wie von selbst in diesen Beruf hineingewachsen bin. Mein Vater hatte mich schon als Kind zu geschäftlichen Terminen immer mitgenommen, zum Beispiel wenn er Pokale zu Reitturnieren bringen musste. Er stellte mich dann als seine Tochter vor, und so lernte ich schon früh, bestimmte Aufträge zu erfüllen. Er zeigte mir, wie man mit Leuten verhandelt und dass man zu allen freundlich sein und die Geschäftsinteressen vertreten muss. Er hatte viel Vertrauen zu mir und war sehr froh, als ich dann wirklich die Goldschmiedelehre anfing. Damals konnten meine Eltern auch zum ersten Mal verreisen, weil ich die Kasse im Geschäft übernahm.

Die wirkliche Loslösung vom Elternhaus kam erst nach der Gesellenprüfung. Bis dahin habe ich ja zu Hause gewohnt und gearbeitet. Das ging auch reibungslos. Ich konnte in meiner Freizeit tun und lassen, was ich wollte. Aber nach der Lehre wollte ich mich verändern. Ich kann mir vorstellen, dass mein Vater darüber traurig war, aber er hat es nicht gezeigt. Er fragte nur: Ja, was soll ich denn jetzt machen? Da habe ich gesagt: Dann musst du mal sehen, ob du das Geschäft verpachten kannst. Ich werde es jedenfalls nicht übernehmen. Drei Jahre lang fragte er immer mal wieder nach.

Es gab dann auch Konflikte. Ich wollte nach der Gesellenprüfung natürlich in die Welt gehen. Es war für mich dringend nötig, aus meinem bürgerlichen Leben herauszukommen. So kam ich nach Sylt ins Witthüs. Das war damals, 1968, eine Zelle von Anthroposophen und Linken. Meine Eltern waren entsetzt, dass ich mit solchen „Kommunisten" zu tun hätte, und ich habe tatsächlich ganz wilde Theorien verbreitet, die ich dort hörte. Wir haben heftig diskutiert. Mein Vater war und ist in der Kleinstadt ein angesehener Bürger, der auch politisch tätig war, aber wohl eher rechtsliberal. Da konnte er mit diesen von mir damals vertretenen Ansichten

Ich fühle mich als Vatertochter. Wenn ich überlege, welche Prägungen wirklich wichtig für mich waren, wird mir klar, dass ich wesentliche Aspekte meines Lebens von meinem Vater habe. Das bedeutet natürlich nicht, dass ich nur den Vater und nicht die Mutter akzeptierte.

gar nichts anfangen. Er wollte mir ganz sachlich erklären, dass das alles ganz falsch sei, aber das wollte ich natürlich nicht hören. Darum war dann eine Weile Funkstille zwischen uns, und ich habe mich zurückgezogen. Vielleicht machte ihm das Kummer. Das hat er aber nicht gesagt. Wenn wir miteinander sprachen, vertrat er seine Meinung und ich meine. Sicher war meine neue Haltung nicht besonders gut fundiert, sondern nachgeredet, aber für mich bot sie eine wunderbare Möglichkeit: Sie erleichterte mir die Ablösung von meinem Elternhaus.

Glücklicherweise setzte mich mein Vater nie unter Druck, dass ich zu Hause anrufen müsste, und so brauchte ich mich nicht schuldig zu fühlen. Meine Mutter war da problematischer, sie litt schon vorher unter Depressionen. Meine Schwester und ich empfanden das als belastend und haben unseren Vater ein bisschen bedauert. Meine Mutter war so aufräum- und putzfanatisch. Sie war immer unter Druck, bis sie dann vor zehn Jahren den Tinitus bekam, was für mich eine gewisse Folgerichtigkeit hat, weil sie sich nie entspannen konnte. Es war auch eher meine Mutter, die mich ändern wollte. Ich solle zum Friseur gehen, ich solle dies machen und das machen und mit dem und dem Jungen ausgehen, weil der so passend wäre. Bei meinem Vater war alles einfacher. Er hat mich immer so akzeptiert wie ich bin, und vielleicht ist er stolz auf mich. Heute sehe ich, dass meine Mutter es mit einem Mann, der so praktisch und vernünftig ist, nicht eben leicht hatte. Er hat ihr nie eine kleine Blume mitgebracht oder irgendetwas Spontanes gemacht. Er sagte: Sag mir, was ich mitbringen soll, drei Rosen oder zehn. Nicht, dass er es nicht wollte. Aber von allein ist ihm kein Geschenk für meine Mutter eingefallen.

Nachdem meine Eltern das Geschäft verpachtet hatten, kamen sie oft zu mir nach Sylt. Sobald mein Vater angekommen war, fing er an, mir zu helfen, egal, ob ich etwas zu reparieren hatte, oder ob es in der Werkstatt

Ich habe von meinem Vater die Anerkennung und Stärkung bekommen, die mich als Frau sicher gemacht haben, und ich habe eine große Zuversicht – keine Angst vor irgendetwas oder irgendjemandem.

152 EDDA RASPÉ

Arbeit gab. Und manchmal, wenn ich ein paar Tage wegmusste, hat er mich vertreten. So gab er mir zurück, was ich damals für ihn getan habe. Er ist ein unglaublich guter Großvater für meine Kinder, und er ist als Großvater ganz wichtig für sie. Er hat ihnen das Segeln beigebracht und war froh, dass er mit ihnen in See stechen konnte. Mein Vater ist passionierter Segler, und auch ich bin früher mit ihm gesegelt.

Eine einzige Reise haben wir zusammen gemacht, damals, nachdem mein Mann gestorben war. Da sind wir nach Indien und Ceylon gefahren. Die Reise war von der Goldschmiedegesellschaft organisiert worden. Es war schön mit ihm, weil wir über vieles so wunderbar gleicher Meinung waren und uns über Edelsteine und wie sie geschliffen wurden, unterhalten konnten. Das hat uns sehr verbunden. Aber manchmal wurde mir die Nähe zuviel, und abends bin ich oft aus dem Hotel weggegangen. Mich hat in Asien auch das Spirituelle sehr angesprochen, aber darüber konnte ich mich mit meinem Vater nicht austauschen. Was er dazu zu sagen hatte, hat mich oft gelangweilt.

Die Gespräche mit meinem Vater drehten sich meistens um konkrete Schmuckstücke, wie man etwas genau macht oder wie man es machen könnte. Später ging es dann auch um die Lokalpolitik in Stade und hier auf Sylt und ums Segeln. Ein Gesprächspartner in privaten Dingen war mein Vater nie, da ist er scheu. Er hat mich nie nach einem Freund gefragt. Das war tabu, und für mich war es okay. Heute sehe ich, dass meine Freunde immer genauso praktisch waren wie er. Nie waren es versponnene Intellektuelle oder Traumtänzer, sondern immer handwerklich oder künstlerisch begabte Menschen. Allerdings waren meine Freunde immer lebhafter als mein Vater. Er ruht so in sich, und er kommt auch gut allein zurecht. Er ist ein toll ausgeglichener Mensch. Seine Ruhe, Geduld und Sorgsamkeit, die praktische Haltung, sich zu überlegen, wie ein Ding wohl funktioniert oder wie ein Problem zu lösen ist – das hat mich sicher geprägt. Wenn man ein Handwerk betreibt,

EDDA RASPÉ 153

braucht man diese Eigenschaften, um die vielen einzelnen kleinen Schritte zu bewältigen, die nötig sind, um eine Sache fertig zu stellen.

Ich habe von meinem Vater die Anerkennung und Stärkung bekommen, die mich als Frau sicher gemacht haben, und ich habe eine große Zuversicht – keine Angst vor irgendetwas oder irgendjemandem. Ich konnte mich aber auch von ihm abgrenzen, ich fühlte mich nicht gebunden, nicht von ihm eingenommen. Mein Vater ist kein dominanter Mensch. Er ist geradezu unsichtbar, wenn er nicht gebraucht wird. Er nimmt sich ganz zurück, das geht fast bis zur Selbstaufgabe. Ich habe große Hochachtung vor meinem Vater, davor, dass er alles geschafft hat, dass er den Ansprüchen der Familie oder auch der anderen entsprechen konnte. Er ist nicht weggelaufen und war nicht untreu, soweit ich weiß. Heute kann ich die Hintergründe besser erkennen: Mein Vater ist in einer sehr strengen Zeit aufgewachsen, bei Tisch durfte nicht geredet werden. Er war ein ganz gehorsamer Sohn seiner Mutter, die ihre Söhne, bis sie gestorben ist, gut auf Zack hatte. Und dann kam der Krieg, der Wiederaufbau, die viele Arbeit; er hat wirklich bei Null angefangen. Das alles hat ihn geformt. Ich habe ihn so akzeptiert, wie er war. Darüber wundere ich mich selbst und überlege, ob da nicht etwas ist, das ich vor mir selbst verberge, ob ich nicht doch etwas vermisst habe. Aber meine Kindheit war wirklich ziemlich günstig für mich, weil ich so viele Möglichkeiten und Freiheiten hatte.

Heute ist unser Verhältnis sehr ruhig. Wir telefonieren, erzählen uns, was wir so machen, und er fragt mich, wie das Geschäft läuft. Wir erzählen ohne emotionale Bewertung, nur so: Das Wetter ist schön, es geht mir gut. Ich habe mit dem und dem etwas unternommen, oder die und die Freunde sind da, oder ich fahre morgen nach Hamburg und treffe Julian. Dann sagt er immer: Schön. Grüße ihn schön. Und dann ist irgendwie alles gut. Ich frage ihn auch, ob ich vorbeikommen soll, aber er erwartet zum Glück nicht viel von mir. Ich weiß,

dass er seine Familie liebt. Sie ist das Wichtigste für ihn. Das war immer so, daran gibt es keinen Zweifel. Aber seine Liebe ist irgendwie ein bisschen – ja – leidenschaftslos. Ich liebe so vieles, viele Sachen, viele Menschen leidenschaftlicher. Das kenne ich von ihm nicht. Andererseits ist er in der Arbeit ein Vorbild für mich. Besonders im Technischen ist er perfekt. Im Entwurf wiederum habe ich ganz und gar meinen eigenen Stil entwickelt, gleich als ich angefangen habe. Da hat er mich nie beeinflusst.

Mein Vater ist ein strahlender Mensch, der heute mit fünfundachtzig aussieht wie mit fünfundsiebzig. Er ist ein frischer, sportlicher Typ. Obwohl es meiner Mutter gesundheitlich nicht gut geht, wollen meine Eltern in ihrem Haus wohnen bleiben und nicht in ein Altenheim ziehen. Der Gedanke, dass mein Vater irgendwann nicht mehr da sein wird, ist für mich furchtbar, grässlich. Einfach, dass er da ist, gibt mir so viel. Noch immer habe ich das Gefühl, wenn irgendetwas wäre, kann ich ihn ja fragen, obwohl ich das in den letzten Jahren selten getan habe. Ich habe mich innerlich immer auf die Stärke meines Vaters verlassen können, und das gibt mir noch heute sehr viel Kraft.

Ich habe mich innerlich immer auf die Stärke meines Vaters verlassen können, und das gibt mir noch heute sehr viel Kraft.

EDDA RASPÉ

JÜRGEN UMLAND
Als Edda geboren wurde, war ich sehr stolz und glücklich und konnte meinen Vater gar nicht verstehen, der etwas enttäuscht war, dass es ein Mädchen war. Für mich war das völlig nebensächlich. Als Edda zur Grundschule ging, musste sie ihre Schularbeiten bei mir in der Werkstatt machen und hin und wieder fielen harte Worte. Dann wurde sie von ihrer Mutter in Schutz genommen. Ein besonderes Ereignis mit Edda ist mir in Erinnerung geblieben. Als sie als Schulkind einmal mit der Klasse verreiste, stellte sie unterwegs plötzlich fest, dass sie ihren Ausweis vergessen hatte. Den habe ich ihr dann nach Harburg in den Zug gebracht. Ich weiß, dass sie nachher sagte, das hätten ihre Freundinnen und Mitschülerinnen ganz toll gefunden. Wegen ihrer Liebe zur Reiterei nahm ich Edda zu den Reitställen mit, zu denen ich auch geschäftliche Beziehungen hatte, weil wir Ehrenpreise dorthin lieferten. Sobald sie alt genug war, nahm ich sie auch zu den Soldatenbällen mit. Ich war natürlich stolz auf sie. Sie war eine schöne Frau, ich brauchte sie nicht zu verstecken.

Edda hatte die nötige Freiheit, solange sie mein Vertrauen nicht missbrauchte. Ich fuhr sie auch mal fünfzig Kilometer in eine Disco, um sie nachts pünktlich um ein Uhr wieder abzuholen. Zwischen meinen Töchtern und ihrer Mutter gab es infolge der Krankheit meiner Frau auch mal Konflikte. Meine Frau hat nicht die Art, ungeklärte Dinge zur Sprache zu bringen und darüber zu debattieren. Dadurch gab es immer wieder Differenzen, die nicht ausgebügelt wurden. Ich komme mit Konflikten wunderbar zurecht. Ich war ja selbst lange Zeit Obermeister der Goldschmiede und habe dort immer versucht, Makler zu sein, Verständnis für andere zu haben und alle irgendwie zusammenzukriegen. Wenn Edda Sorgen hatte, kam sie zu mir. Sie konnte mit mir besser reden als mit meiner Frau und hatte viel Verständnis für meine Art. Ich hatte natürlich in unserem Geschäftshaushalt sehr wenig Zeit, aber wenn man mich brauchte, war ich da.

Ich habe versucht, Edda möglichst gut auszubilden, ohne sie zu bevorzugen. Sicher hatte ich etwas Hoffnung, dass sie die Werkstatt übernehmen würde. Aber ich habe sie nicht Goldschmiedin werden lassen, damit sie die Firma übernimmt.

Edda und auch ihre Schwester hatten eine sehr liberale Einstellung und sahen bestimmte Notwendigkeiten vielleicht mehr als manch anderer. Sie interessierten sich schon früh für Minderheiten, zum Beispiel für Zigeuner, und verlangten in diesem Zusammenhang manchmal Sachen von mir, die ich nicht erfüllen konnte. Zum Beispiel sollten wir von der Bruderschaft diese Kreise unterstützen, was in unseren Statuten nicht vorgesehen und nicht machbar war. Aber wir einigten uns, und sie akzeptierten meinen Standpunkt.

An eine schwirige Ablösephase erinnere ich mich nicht. Das liegt vielleicht daran, dass Edda ihre Freunde mit nach Hause bringen durfte. Wir hatten einen Keller, wo sie ihre Partys feiern konnte. Da war ich großzügig, weil Edda das Glück hatte, den richtigen Kreis zu haben. Alle Freunde, die hier ins Haus kamen oder mit denen sie zusammen war, waren akzeptiert. Sie waren aus einem gewissen Milieu, in dem auch wir lebten. Ich denke, ich war ein guter Vater. Ich war zwar eher nachgiebig, aber vielleicht half mein Vorbild, dass beide Mädels so hervorragend geraten sind, und dass sie heute die Positionen, die sie innehaben, hundertprozentig ausfüllen. Aus beiden ist mehr geworden als aus den anderen in ihrem früheren Bekanntenkreis. Es hat mich gefreut, dass Edda denselben Beruf wie ich erlernt hat. Sie wurde in meiner Werkstatt technisch betreut. Natürlich war sie nicht nur in der Werkstatt, sondern auch im Laden tätig. Ich habe versucht, sie möglichst gut auszubilden, ohne sie zu bevorzugen. Sicher hatte ich etwas Hoffnung, dass sie die Werkstatt übernehmen würde. Aber ich habe sie nicht Goldschmiedin werden lassen, damit sie die Firma übernimmt. Als sie dann nach ihrer Lehre plötzlich nach Sylt zog, war wohl mehr ihre Mutter enttäuscht, ich nicht. In ihrer Arbeit ist Edda durch meine Werkstatt geprägt. Ihr beruflicher Werdegang ist durch die frühe Selbstständigkeit in einer etwas anderen Bahn verlaufen. Wenn sie ordnungsgemäß ihren Meister gemacht hätte und in einer anderen Werkstatt gewesen wäre, dann

wäre sie vielleicht in ihren Techniken vielfältiger geworden. Ob besser, bezweifele ich. Sie hat eine eigene Richtung gefunden, und die finde ich gut. Sie kann damit bestens leben. Das Einzige, was ich bedauere, ist, dass sie keine Lehrlinge ausbilden kann. Ich hätte damals gerne erlebt, dass sie ihren Meister macht, das gebe ich ehrlich zu.

Auf Sylt lernte Edda ihren späteren Mann Gerhard kennen. Dass sie das Haus verlässt und sich an einen Partner bindet, war ein vollkommen normaler Lauf, aber meine Frau sah es nicht so gerne. Sie war zum Beispiel vollkommen dagegen, dass Edda mit Gerhard auf Sylt zusammen lebte. Da war ich viel toleranter. Zu Gerhard hatte ich ein sehr gutes Verhältnis, wir verstanden uns prima. Er passte hervorragend zu Edda und war ein toller Mann. Ich wünschte, sie hätten viel früher geheiratet. Leider hat der Tod ihn weggerafft. Das war ein bitterer, bitterer Schlag, aber Edda brauchte von mir wohl keine Hilfe, jedenfalls bat sie nicht darum. Sie war schon immer sehr eigenständig. Zu der Zeit hatte sie sich auf Sylt schon mit der Goldschmiede etabliert und war finanziell abgesichert. Als sie dann Christoph kennen lernte, hatte ich ein bisschen Bedenken, ich fand ihn zuerst nicht sehr nett, aber ich habe mich nicht eingemischt. Wenn ein Mann Edda tatsächlich schlecht behandelt hätte, hätte ich mich wohl eingemischt. Es war sicher nicht immer leicht für Edda. Ich weiß nicht, ob sie wegen Christoph viele Tränen vergossen hat. Aber sie hat alle Probleme allein gelöst. Wir haben geholfen, wenn etwas zu helfen war: den Stall ausgemistet, die Scheune ausgemistet und vieles andere. Und nebenbei habe ich noch jahrelang ihre Aufträge teilweise in meiner Werkstatt erledigt.

Als meine Tochter selbst Kinder bekam, habe ich das lebhaft verfolgt. Ich war etwas überrascht über die schulische Ausbildung; Edda schickte ihre Kinder ja zur Schule nach Dänemark. Aber dann war ich hundert-

Und wo es nötig ist, unterstütze ich Edda, zum Beispiel wenn sie für ihren Beruf etwas Neues braucht. Aber sie kommt nicht von selbst und bittet um etwas, sondern ich muss die Entscheidung treffen, ob sie etwas braucht.

prozentig glücklich, dass es so gelaufen ist. Es gab dort kleine Klassen, und die Jungen wurden zu großer Selbstständigkeit und Freiheit erzogen. Als sie so groß waren, dass sie ihre Hosen selbst anziehen konnten, nahm ich sie mit zum Segeln, und sie kamen auch zu uns ins Haus. So habe ich über die Segelei ein sehr enges Verhältnis zu Eddas Söhnen.

Politisch hat Edda bei den Grünen etwas bewirkt. Das macht mich stolz. Im Moment wünsche ich ihr, dass sie mit ihrem Bestreben zur Vereinheitlichung der Gemeinden auf Sylt vorankommt. Ich weiß aus eigener Erfahrung, wie schwierig so etwas ist, denn selbst im kleinsten Verein gibt es verschiedene Strömungen, und jeder will etwas anderes. Damit muss man leben. Wenn man den letzten Krieg hundertprozentig mitgemacht hat und den Aufbau danach, bleibt man da gelassener. Über meine Militärzeit wissen die Kinder sehr wenig. Sobald ich das Thema ansprach, wurde ich von meiner Frau gebremst. Ich hätte gerne mit meinen Töchtern darüber gesprochen, vor allem zum damaligen Zeitpunkt. Es war diese blöde Zeit, wo sie von der schulischen Seite stark beeinflusst waren. Aber warum sollte ich bei meinen Kindern Gewissensnöte aufbauen. Das ist alles Schnee von gestern.

Der Kontakt zu Edda ist ohne Zwang. Meistens ruft sie bei uns an. Es gibt kein festes Ritual wie bei anderen, die sagen, Sonnabend um sechs Uhr sollst du anrufen. Ich bedaure sehr, dass wir nicht mehr zu Edda nach Sylt fahren können. Meine Frau ist ziemlich kraftlos, und die weite Fahrt ist für sie zu anstrengend. Damit müssen wir leben. Aber zu Weihnachten kommen alle zu uns, dann sind hier zehn Personen und ein Hund. Der Dachboden ist ausgebaut, sodass alle hier schlafen können. Ich genieße das und freue mich, dass der Clan da ist. Dafür lasse ich viele andere Sachen liegen.

JÜRGEN UMLAND

Ich bedaure sehr, dass wir nicht mehr zu Edda nach Sylt fahren können. Aber zu Weihnachten kommen alle zu uns. Ich genieße das und freue mich, dass der Clan da ist. Dafür lasse ich viele andere Sachen liegen.

Ich bin überzeugt, dass Edda heute ein sehr zufriedenes, glückliches Leben führt. Sie hat zwei tüchtige Jungen. Soweit ich das beurteilen kann, hat sie keine finanziellen Sorgen, und alles andere muss sie selbst sehen, wie sie das hinkriegt. Die nötige Art hat sie, sie ist verbindlich und auch resolut. Und wo es nötig ist, unterstütze ich sie, zum Beispiel wenn sie für ihren Beruf etwas Neues braucht. Aber sie kommt nicht von selbst und bittet um etwas, sondern ich muss die Entscheidung treffen, ob sie etwas braucht. Ich würde ihr vielleicht einen entsprechenden Mann an ihrer Seite wünschen, so wie Gerhard einer war. Aber über solche privaten Themen sprechen wir nicht. Wenn alles seinen Gang läuft und kein Grund zum Klagen ist, sollte man nicht daran rütteln und irgendwelche Schwierigkeiten erst aufrollen. Es hätte ja auch anders sein können. Meine Töchter hätten ja auch mit irgendwelchen ganz komischen Männern ankommen können. Ich weiß nicht, wie ich dann gehandelt hätte. Wenn auch Eddas Weg nicht immer der Weg war, den ich für richtig hielt, habe ich ihn doch akzeptiert und unterstützt. Ich denke, Edda weiß, dass sie jederzeit zu mir kommen kann.

Meine Töchter nehmen in meinem Leben die erste Stelle ein, so gut dies mit meiner Frau vereinbar ist. Das kann man schon daran sehen, dass sowohl dieses Haus als auch das andere Haus nicht mehr uns gehört, es gehört schon den Kindern. Und ich sehe zu, dass ich es bestens erhalte und übergeben kann. Der größte Lohn, den ich habe, ist, dass ich meinen beiden Töchtern das weiterreichen kann.

JÜRGEN UMLAND

»Meine Tochter ist eine Vatertochter, und von mir kann man sagen, dass ich ein Tochtervater bin. Ich habe mir immer eine Tochter gewünscht.«

GEORGE THEODORESCU

MONICA THEODORESCU

»Schon als ich ein Kind war, hieß es immer: ganz der Vater.«

MONICA THEODORESCU

Schon als ich ein Kind war, hieß es immer: ganz der Vater. Das betraf das Äußere, aber es trifft sicher auch auf verschiedene Charakterzüge zu. Mein Vater war nicht streng, aber ich hatte Respekt vor ihm. Man rannte nicht einfach jederzeit zu ihm und war laut, aber ich war sowieso ein relativ ruhiges Kind. Ich war sehr auf meinen Vater fixiert. Er war immer anwesend und nicht – wie andere Väter – den ganzen Tag über weg oder tagelang verreist. Ich bin mit Pferden aufgewachsen. Meine Eltern waren beide Dressurreiter, und ich wurde schon als kleines Kind zu den Turnieren mitgenommen. Dadurch waren wir immer zusammen. Wir sind zwar nie kumpelhaft miteinander umgegangen, aber zwischen uns war immer eine große Nähe – das ist bis heute so. Dennoch gibt es da eine Grenze, und es gibt Bereiche, gerade im Privaten, die zu respektieren sind. Da wir uns sehr ähnlich sind und einander so gut kennen, können wir uns ziemlich gut mit Blicken verständigen, man weiß einfach, was der andere denkt. Es ist nicht so wie bei einem Ehepaar, das nicht, es ist eben diese Vater-Tochter-Beziehung. Mein Vater war und ist mein Vertrauter, hundertprozentig.

Die Loslösung von meinem Elternhaus war nicht einfach. Ich habe sehr lange bei meinen Eltern gewohnt, einfach, weil es so praktisch war. Nach der Schule habe ich auf dem Gestüt gearbeitet, bin geritten, habe trainiert, und an den Wochenenden waren wir auf Turnieren. Ich habe nie mit Schulkameraden herumgehangen, sondern hatte immer eine Aufgabe. Pferde waren für mich das Größte, und ich wollte einfach immer nur reiten. Mein Vater hat mich nie dazu gezwungen, sondern es war mein Wunsch. Und wenn ich bei Turnieren erfolgreich sein wollte, musste ich natürlich viel trainieren. Dadurch hatte ich wohl nicht diese klassischen pubertären Anwandlungen, wie andere Mädchen sie haben. Ich war auch nie auf Partys, weil ich am Wochenende immer auf irgendeinem Turnier war. Zuviel wurde mir das nie, im Gegenteil, ich habe mir eher

Gedanken gemacht, ob ich genug tue. Ich war ehrgeizig, und wenn sich der Erfolg mal nicht so einstellte, wie ich es mir wünschte, oder ich mich irgendwie verschaukelt oder missverstanden fühlte, dachte ich schon manchmal: Was mache ich hier eigentlich? Es ist ja nicht ganz einfach: Je weiter man kommt, je näher man an die Spitze rückt, desto dünner wird die Luft. Da hadert man als junger Mensch schon mal – mit sich und dem Ganzen. In dieser Zeit war es sicher manchmal nicht so einfach mit mir, weil ich sehr verschlossen war und mit meinem Vater nicht über meine Schwierigkeiten geredet habe. Dieser Zustand hielt ziemlich lange an, und obwohl wir immer zusammen waren, zu Hause und auf den Turnieren, kam ich gar nicht auf die Idee, auszuziehen, sondern kapselte mich hier eine Zeit lang sehr ab und wollte nichts an mich heranlassen. Ich fühlte mich beobachtet und dachte: Mein Gott, sie müssen ja nicht alles wissen. Da war es dann irgendwann wirklich an der Zeit, dass ich mir eine eigene Wohnung nahm. So konnte ich einfach wegfahren und musste nicht immer sagen, wohin ich fahre, was ich mache oder wer kommt. Man muss auch mal ein bisschen Privatleben haben. Nachdem ich ausgezogen war, ging es dann wesentlich besser. Durch die räumliche Trennung näherten wir uns wieder an.

Meinen ersten richtigen Freund hatte ich erst so Anfang, Mitte zwanzig. Mein Vater fand das, glaube ich, fürchterlich, aber er sagte nichts. Obwohl ich ja weiterhin täglich hier arbeitete, fing ich an, mein eigenes Leben zu leben. Manchmal ging ich nachmittags oder abends weg, habe nebenbei Sprachen gelernt. Dadurch hatte ich dann auch einen anderen Freundeskreis, Freunde, die Vater nicht kannte.

Offene Konflikte hatten wir nicht, aber es gab immer mal wieder Situationen, die für mich schwierig waren. Als junge Reiterin zum Beispiel wurde ich immer mit ihm verglichen, auch meine Erfolge, aber irgendwann kam dann der Punkt, wo ich nicht mehr nur die Tochter von Herrn Theodorescu war, sondern auch selbst

Für eine Tochter ist es sehr schön, einen Vater zu haben, mit dem sie sich gut versteht. Das ist eine wunderbare wichtige Sache, und diese Vaterrolle kann sicherlich kein anderer Mann übernehmen.

etwas darstellte und als Monica akzeptiert wurde. Das hat eine Weile gedauert. Manchmal sind wir unterschiedlicher Meinung bei Dingen, die die Reiterei oder die Pferde betreffen. Auch wenn ich alles von ihm gelernt habe, mache ich natürlich manches anders. Ich habe meinen eigenen Weg gefunden, und das ist ja auch nicht verkehrt. Ich bin ja keine Kopie meines Vaters – das will man doch nicht sein. Wirkliche Konflikte entstehen daraus nicht, aber manchmal gibt es Situationen, in denen ich sage: Nein, ist nicht, so nicht. Das akzeptiert er dann auch, oder er sagt: Okay, dann mach mal. Mal sehen, wie weit du kommst. Er würde wohl nie zugeben, dass ich Recht hatte, sondern er sagt dann eher, dass er das auch so gemeint hat. Da kommt dann der Rechtsanwalt durch. Das bedeutet: Der Chef hat immer Recht. Und wenn er mal nicht Recht hat, dann drückt er sich automatisch so aus, dass er dann doch wieder Recht hat. Wenn man das weiß und damit umgehen kann, ist es nicht schwierig. Man schmunzelt dann und sagt: Okay, du hast ja Recht. Wenn man bedenkt, wie viel Schönes wir miteinander teilen, sind das wirklich Kleinigkeiten.

Ich habe inzwischen auch große Erfolge gehabt. Aber ob ich diese Stufe des Menschlichen, solch eine Persönlichkeit wie er erreiche, das weiß ich nicht. Dazu bin ich doch zu anders; außerdem bin ich Frau und nicht Mann. Und meine Vorgeschichte ist ganz anders. Was mein Vater als junger Mensch erlebt hat, ist mir Gott sei Dank erspart geblieben. Diese Erfahrungen und auch das Leid, das ihm widerfahren ist, kenne ich nicht. Da ist bei mir eine leere Seite. Und das prägt einen Menschen ja und formt seine Persönlichkeit. Ich habe andere tolle Sachen erlebt: Ich durfte mehrere Olympische Spiele reiten – das ist ihm versagt geblieben. Das hätte er als Rumäne, wenn die Geschichte des Landes einen anderen Lauf genommen hätte, mit Sicherheit auch erreichen können. Aber das ist nun mal Schicksal, es ist anders gekommen, und es ist in Ordnung so. Ich bin dann auf die Welt gekommen Ich war dann diejenige, die weiterführte, was mein Vater begonnen hat. Oder

Als junge Reiterin wurde ich immer mit ihm verglichen, auch meine Erfolge, aber irgendwann kam dann der Punkt, wo ich nicht mehr nur die Tochter von Herrn Theodorescu war, sondern auch selbst etwas darstellte und als Monica akzeptiert wurde.

besser gesagt, mein Vater hat mich dahin geführt. Aber ich verdanke auch nicht alles nur meinem Vater allein, weil er mich unterrichtet hat; den Anteil meiner Mutter darf man nicht unterschätzen.

Ich habe meine Freunde nicht mit meinem Vater verglichen, das kann man auch gar nicht. Vielleicht wollte ich auch gar nicht jemanden, der so ist wie mein Vater; er ist so einmalig. Aber ich denke, dass jeder jüngere Mann viel von ihm lernen könnte. Besonders, was Lebensstil oder Erziehung betrifft. Mein Vater ist selbst relativ streng erzogen worden, so, wie das früher üblich war. Er wurde von Profis erzogen und ist mit guter Küche und guten Weinen und überhaupt allem aufgewachsen, was Kultur und Lebensqualität ausmacht. Da konnte ich sehr viel von ihm lernen, und das hat mich geprägt. Wenn wir wirklich mal Fritten und Bratwurst essen wollen, finde ich das zwar witzig, aber dann ist es auch gut. Leben könnte ich damit nicht. Mein Vater hat mir gezeigt, was es für schöne Dinge im Leben gibt. Wie man auch kleine Sachen zu essen oder zu trinken schätzen kann, wie man es sich nett machen und einfach das Leben genießen kann. Das ist mein Vater: Er ist immer ein Genießer gewesen.

Ich bin sehr froh, dass mein Vater so gesund ist. Es ist ein großes Glück, auch für mich, dass er noch so viel machen kann. Und er hat dieses enorme Wissen, über das Leben, über die Menschen. Das ist natürlich ein großer Vorteil, und er kann damit sehr entspannt umgehen. Ich bin sehr dankbar für das, was er alles geschaffen hat, und was er noch macht und hoffe, dass er versucht, noch möglichst lange so weiterzumachen. Er fährt mal eben alleine nach Göteborg und wieder zurück, und vor vierzehn Tagen ist er mit einer Schülerin zu einem Turnier alleine nach Polen gefahren. Dann macht man sich seine Gedanken, aber ändern kann man doch nichts.

Wir führen das Gestüt partnerschaftlich und besprechen alles gemeinsam. Dabei ist auch meine Mutter ein wichtiger Faktor. Ohne ihre Buchführung, Organisation und Personalführung wären wir aufgeschmissen. Wir

drei sind ein Team. An den Wochenenden ist immer einer von uns unterwegs, und wochentags trainieren wir mit den Pferden und den Schülern. Wir schaffen es kaum, alles zu bewältigen. Wenn mein Vater nicht woanders hin muss, begleitet er mich zu den Turnieren. Früher haben wir noch mehr Ausländer trainiert, auch ganze Teams hatten schon ein Trainingslager bei uns. Ich bin froh, dass meine Eltern beide so fit und bei guter Gesundheit sind und auch noch Spaß an der Arbeit haben. Ich wäre sehr dankbar, wenn es noch eine Weile so bliebe. Je länger, desto besser.

Mein Vater hat mir gezeigt, was es für schöne Dinge im Leben gibt. Wie man auch kleine Sachen zu essen oder zu trinken schätzen kann, wie man es sich nett machen und einfach das Leben genießen kann. Das ist mein Vater: Er ist immer ein Genießer gewesen.

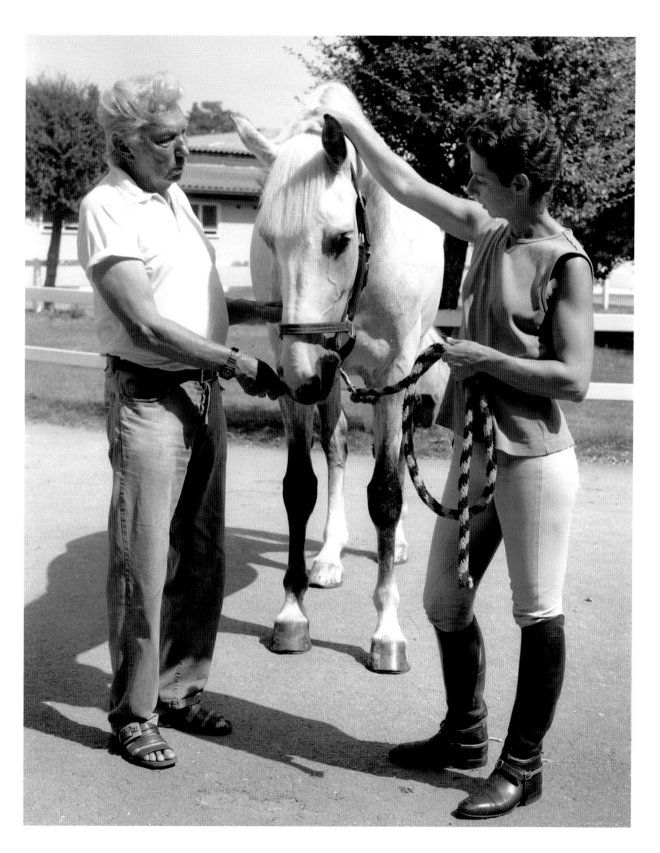

Meine Tochter ist eine Vatertochter, und von mir kann man sagen, dass ich ein Tochtervater bin. Ich habe mir immer eine Tochter gewünscht, weil ich denke, dass eine Tochter, die sportlich ist, Humor hat und nicht dumm ist, einfach mehr Freude bringt.

GEORGE THEODORESCU

Monica war immer mit uns zusammen. Wir haben das Glück, auf unserem eigenen Gestüt zu leben und zu arbeiten, und so war Monica auch immer bei uns. Als sie etwa fünf Jahre alt war, durfte sie schon, auf meinem Schoß sitzend, mein Auto fahren, natürlich nicht auf der Straße. Ich war nicht streng, und in Monicas Leben gab es kein »Das darfst du« oder »Das darfst du nicht«. Sie liebte die Pferde und war ganz versessen auf das Reiten. Wenn sie zum Beispiel in der Schule eine Freistunde hatte, rief sie an und fragte: Kann mich jemand abholen? Ich habe eine Stunde frei. Dann holten meine Frau oder ich sie ab, sie kam eilig herein, zog sich um und ritt eine Stunde, und dann hieß es wieder: Kann mich jemand zurückbringen? Monica hatte schon ganz früh ein Pony, um das sie sich alleine kümmerte. Später kam eine kleine Vollblutstute. Die Stute war acht, und Monica war sechs. Danach ritt sie größere Pferde und pflegte sie auch. Bald hatte sie auch eigene Ideen und erklärte mir zum Beispiel: Jetzt braucht die Stute – sie hieß Meise – eine Kandare, oder: Ich möchte zum Turnier gehen, und es muss alles geübt werden. Ich habe solche Gespräche nie abgewürgt oder gleich gesagt: So ein Quatsch, das ist noch nicht dran, zuerst muss man das und das lernen.

Monica hatte manchmal eine klare Übersicht und eine gutes Gespür. Erwachsene haben meistens den Kopf voll mit allen möglichen Programmen, wollen bestimmte Reihenfolgen einhalten, jetzt ist erst das dran, dann das. Einmal, als Monica etwa sieben Jahre alt war, hatten wir nachmittags Gäste zum Kaffee. In England waren gerade Europameisterschaften, und wir hatten uns das Dressurreiten im Fernsehen angesehen. Einer der Richter – die Richter bei der Dressurprüfung kommen aus verschiedenen Ländern, wie beim Eiskunstlauf – hatte einen Reiter an erster Stelle platziert, während ein anderer Richter denselben Reiter an letzter Stelle

plaziert hatte. Wir diskutierten darüber, wie das möglich sei. Obwohl Monica mit dem Rücken zu uns saß und sich ein Pferdebuch ansah, sagte sie ganz schnell: Beide sind falsch. Sie kannte sich schon damals in der Szene gut aus, weil sie immer mit uns auf Turniere fuhr. Meine Frau und ich sind ja beide Dressurreiter. Monica kannte den Reiter. Er war nicht gut genug, um Erster zu werden, aber auch nicht so schlecht, um Letzter zu sein. Monica hatte Recht: Beide Richter lagen falsch. Es ist doch erstaunlich, dass ein Kind ein so klares Urteil haben kann. Wenn Kinder urteilen, kann man nicht einfach darüber hinweggehen oder ihnen den Mund verbieten.

Monica wollte früh ein Auto haben, um selbstständig hin- und herfahren zu können. Den Führerschein hatte sie schon gemacht, aber sie bekam ihn natürlich erst, als sie achtzehn war. In einem Schaufenster hatte sie ein Auto gesehen, so einen schicken weißen Volkswagen, und meinte sehnsuchtsvoll: Oh, der wäre schön. Am nächsten Tag habe ich den Wagen gekauft und mit dem Verkäufer besprochen, dass er das Auto zwei Monate später, an Monicas achtzehntem Geburtstag, zu uns auf den Hof bringen sollte. So lange blieb das Auto im Schaufenster. Einmal sagte Monica noch: Wenn ich achtzehn bin und mein Abitur habe, möchte ich so gern etwas Fahrbares haben, es ist mir ganz egal was, es kann auch ein Gebrauchter sein. Danach haben wir über dieses Auto nicht mehr gesprochen. Und als Monica an ihrem achtzehnten Geburtstag morgens herunterkam, stand da der Wagen. Sie freute sich riesig und rief: Ich wusste, dass du das tun würdest. So ist es zwischen uns: Wir brauchen nicht viel miteinander zu reden, wir wissen auch so, was der andere denkt oder beabsichtigt.

Ich will kein Vorbild für Monica sein, und ich bin auch nicht ihr Vertrauter. Sie bespricht sich mit mir, wenn sie meinen Rat braucht und lebt ansonsten ihr eigenes Leben. Von manchen Sachen, die sie macht, habe ich überhaupt keine Ahnung. Ich bin ihr auch nicht böse deswegen. Man muss sich nur über Unstimmigkeiten

unterhalten und verständigen – so bin ich auch selbst aufgewachsen. Es gab eine Zeit, als Monica etwa sechzehn war, da hatte sie eine Freundin, die älter war als sie, nicht mehr zur Schule ging und Zeit hatte. Diese Freundin wohnte einmal eine Woche lang bei uns. Ihr Freund kam dann auch noch dazu, und zu dritt gingen sie jede Nacht in die Diskothek. Normalerweise pflegte Monica morgens um sechs Uhr, noch vor der Schule, ein oder zwei Pferde. Dieses Tagesprogramm passte mit dem Diskoprogramm natürlich nicht zusammen. Angeregt durch die Gespräche mit der Freundin, kam sie eines Tages zu mir und meinte: Das ist ja ganz schön schwierig, wenn man zwei oder drei Pferde zu reiten hat und dann noch zur Schule geht. Kann ich nicht mit der Schule aufhören? Und da habe ich geantwortet: Nein, weißt du, was man anfängt, muss man auch zu Ende führen. Und die Pferde kann auch ich reiten. Ich wollte sie noch weiter überzeugen, aber sie sagte nur: Alles klar, ich habe kapiert. Sie ging hinauf zu dem Mädchen und schickte sie nach Hause. Und sie machte ihr Abitur. Bis heute haben wir nie wieder darüber gesprochen, und es ist nun schon über zwanzig Jahre her. Mit Verboten erreicht man nichts, man muss es erklären.

Monica war schon über zwanzig, als sie in eine eigene Wohnung zog. Aber sie kommt ja trotzdem noch täglich her und arbeitet mit den Pferden. Ich betreue sie auch als Trainer und begleite sie zu den Turnieren. Das haben wir jahrelang zusammen gemacht. Wir unterhalten uns darüber, wie die Pferde leben. Monica hat einmal über Pferde geschrieben, dass sie und die Pferde sich nur über Zeichen verständigen. Jeder hat seine eigene Art beim Reiten, denn jeder hat ein anderes Gewicht und andere Bewegungen. Da kann man nicht generell sagen, das muss man so oder so machen. Das ist wie beim Klavier oder Geige spielen. Man bekommt gezeigt, auf welche Taste oder welche Saite man drücken muss, aber wie viel oder wie stark das sein muss, damit es schön

Ich will kein Vorbild für Monica sein, und ich bin auch nicht ihr Vertrauter. Sie bespricht sich mit mir, wenn sie meinen Rat braucht und lebt ansonsten ihr eigenes Leben. Von manchen Sachen, die sie macht, habe ich überhaupt keine Ahnung. Ich bin ihr auch nicht böse deswegen. Man muss sich nur über Unstimmigkeiten unterhalten und verständigen – so bin ich auch selbst aufgewachsen.

klingt, das kann jeder nur für sich selbst herausfinden. Jeder muss erstmal ein Gefühl für den Klang bekommen. So ist es auch mit den Pferden. Vielleicht hatte ich manchmal bessere Ideen, wie Monica etwas machen könnte, aber das waren nur Anregungen. Wie sie ein Pferd am besten reitet, muss sie für sich selbst herausfinden.

Früher sind wir auch gemeinsam ins Theater oder Konzert gegangen. Ich kann verstehen, dass sie jetzt lieber ihr eigenes Programm leben will. Und einem erwachsenen Menschen muss ich ja auch nicht immer sagen, wann er aufstehen und wann er ins Bett gehen soll. Monica hat einen Freund, und darüber bin ich glücklich. Ich kenne ihn, er ist prima, und er kommt häufig hierher. Er hat nichts mit Pferden zu tun. Ich bin froh, dass sie ihn hat, es ist nicht normal, allein zu sein – in dieser Hinsicht bin ich sehr altmodisch. Das Alte zu bewahren, ist mir lieber als etwas Neues, mit dem man noch gar keine Erfahrung hat.

Ich weiß nicht, ob Monica das Gestüt einmal allein übernehmen wird. Wenn sie Spaß daran hat und es will, warum nicht? Ein besonderes Erlebnis mit ihr war das Dressurderby in Hamburg. Im Finale wurden die Pferde gewechselt; jeder musste auch die Pferde der anderen reiten, und dann wurden die Ergebnisse zusammengetan. Monica hatte bei den Damen das Finale gewonnen, obwohl sie erst achtzehn Jahre alt war, und ich hatte bei den Herren gewonnen. Ich war sehr stolz auf sie. Mit achtzehn eine solche Prüfung zu gewinnen, ist eine große Leistung. Im Grunde genommen war Monica ja noch Juniorin. Ihre Art zu reiten ist genauso altmodisch wie meine. Sie denkt immer, dass das Pferd auch Spaß haben muss. Diese Einstellung zum Pferd ist heute sehr selten zu finden. Oft werden die Tiere in der Arbeit grob und ungerecht behandelt. Man kann einem Pferd nicht befehlen: Nun tanz mal! Es muss Freude an der Aufgabe haben, dann geht es auch leichtfüßig und elegant. Ich wünsche meiner Tochter, dass sie gesund bleibt und weiter Freude an der Arbeit mit ihren Pferden hat.

»Wir haben eine enge Beziehung, lieben uns sehr und sind trotzdem beide relativ distanziert.«

JÜRGEN ZENK

JULIA ZENK-PAULUSCH

»Früher habe ich manchmal gedacht, dass er ruhig häufiger mal etwas Nettes sagen könnte. Aber wenn er lobt, weiß ich auch, dass es ernst gemeint ist.«

JULIA ZENK-PAULUSCH

Wenn ich an meine Kinderzeit mit meinem Vater denke, habe ich ein sehr lebendiges Bild vor Augen: Er sitzt am Sonntagmorgen im Wohnzimmer, trinkt Kaffee, liest Zeitung, raucht Zigarre und hört dabei klassische Musik. Ich genoss seine morgendliche Präsenz und die schöne ernsthafte Atmosphäre, die wir Kinder nicht stören durften. Gerade sein Für-sich-sein fand ich besonders interessant. Am Alltagsleben hatte er, als ich klein war, nicht besonders viel Anteil. Unter der Woche sahen wir ihn kaum, und deshalb war er für unsere normalen kindlichen Bedürfnisse auch nicht der primäre Ansprechpartner.

Eine andere Kindheitserinnerung an meinen Vater ist, wie er uns auf Reisen durch zahllose Kirchen in Deutschland und Frankreich führt. Schon früh versuchte er, uns Kinder mit seiner Begeisterung für romanische und gotische Kirchen anzustecken, doch bei meinem Bruder und mir führten die zahlreichen Besichtigungen immer wieder zu mauligen Nörgeleien. Unser immer drängender werdender Wunsch nach Eis und Strand stieß bei ihm nur auf polterndes Unverständnis. Ich glaube, er konnte damals wirklich nicht verstehen, dass seine Kinder sich nicht im selben Maße für Kultur interessierten wie er.

Wenn wir doch mal etwas zusammen unternahmen, war er lustig und überaus inkonsequent, das heißt, wenn er etwas verboten hatte, hob er das Verbot zwanzig Minuten später wieder auf. Wir hatten richtig Spaß zusammen. Allerdings hatte ich oft das Gefühl, dass er mich mehr wie einen Jungen sehen wollte. Vielleicht mochte ich deshalb Aktivitäten, die eigentlich eher jungenstypisch sind. Ich habe zum Beispiel gerne Fußball gespielt, aber ich wollte kein Ballett tanzen, nicht reiten, nicht mit Puppen spielen und auch keine Kleider anziehen. Ich wollte sein wie ein Junge und meinen Vater damit beeindrucken. Er hat mir gegenüber nie gesagt, dass er lieber einen Jungen gehabt hätte, aber er hat sich sehr gefreut, als mein Bruder geboren wurde. Daraus

habe ich geschlossen, dass ein Junge ihm mehr bedeutet als ein Mädchen. Und manchmal war ich schon ein bisschen neidisch, wenn er so auf die Männlichkeit abzielte und mit meinem Bruder »Männersache« machen wollte. Da fühlte ich mich dann ein bisschen ausgeschlossen.

Die große Veränderung in unserem Verhältnis zueinander kam mit der Trennung meiner Eltern. Ich war etwa neun oder zehn Jahre alt, als mein Vater uns verließ. Sein Auszug war sehr schlimm für mich, ich fühlte mich von ihm verlassen und war traurig. Unsere gesamte Situation war verändert, die Familienidylle existierte plötzlich nicht mehr. Aber allmählich habe ich dann gesehen, dass er sich sehr um uns bemühte. Ich merkte, dass er bereit war, die Verantwortung für seinen Schritt zu übernehmen. Er hat uns erklärt, warum er das getan hat, oder zumindest hat er es versucht. Und von da an hatten wir erstaunlicherweise viel engeren Kontakt, und ich habe mich auf ihn gefreut. Er holte uns an den Wochenenden zu Hause ab und brachte uns wieder zurück. Wir übernachteten in seiner Wohnung, in der er uns ein schönes Kinderzimmer eingerichtet hatte. Von dort aus unternahmen wir dann unsere Ausflüge. Er rief uns auch häufig an und erkundigte sich, wie es uns ginge oder schrieb uns kleine Briefchen.

Als ich seine neue Frau kennen lernte schlug meine Traurigkeit in Wut um. Ich war eifersüchtig auf die neue Partnerin und darauf, dass seine Liebe woanders hinging. Heute ist diese Eifersucht verschwunden. Heike, seine jetzige Frau, hat sicher auch wesentlichen Anteil daran, dass unsere Beziehung so harmonisch ist, denn sie hat Jürgen von Anfang an in seinen Bemühungen um uns unterstützt. Auch wenn ich sie nicht als Mutter sehe, ist sie doch ein wichtiger Mensch in meinem Leben, ebenso wie ihre beiden Töchter. Auf die beiden war ich am Anfang auch sehr eifersüchtig, besonders als er dann später zu Heike und den Kindern zog. Er war mein Vater, und nun konnten sie ihn jeden Tag sehen – das fand ich wirklich ungerecht. Gesprochen habe ich darüber erst

Die Beziehung zu meinem Vater war intensiv und prägend für mich, besonders sein Urteil war mir immer sehr wichtig. Anders als in der Beziehung zu meiner Mutter, deren Liebe mir immer selbstverständlicher und sicherer war, musste ich bei meinem Vater eher um seine Anerkennung ringen. Auch heute noch möchte ich, dass er stolz auf mich ist.

JULIA ZENK-PAULUSCH

viel später. Ich war damals zwölf, dreizehn und gar nicht in der Lage, das so offen zu problematisieren. Überraschenderweise habe ich mich bald mit der einen Tochter der neuen Frau angefreundet. Sie konnte meine Gefühle ein bisschen verstehen. Aber eigentlich habe ich mich in dem Alter mit niemandem so richtig darüber ausgetauscht.

In dieser schwierigen Zeit der Pubertät, also in der Ablösephase, haben mein Vater und ich uns häufig fürchterlich gestritten. Mein Vater ist recht dominant, aber auch gebildet, also will er in der Unterhaltung immer Recht haben. Wenn er anderer Meinung war, gab er es mir ziemlich schnell zu verstehen. Und da wir beide oft nicht besonders gut zuhören und uns gegenseitig auch nicht aussprechen lassen und außerdem beide einen Dickkopf haben, haben wir oft laut und heftig gestritten. Dann waren wir beide sehr aufgewühlt, sind weggelaufen oder haben, wenn wir telefonierten, den Hörer einfach aufgelegt. Aber meistens rief einer von uns schnell wieder an. Ich habe mich natürlich dagegen aufgelehnt, dass er gerne das Zepter in der Hand hatte und ein bisschen dirigieren wollte. Ich hatte das Gefühl, wenn ich einfach wegginge, könne ich mich gegen ihn stemmen und mit ihm Kräfte messen. Bei unseren Streitereien ging es häufig darum, dass er meinte, ich solle abnehmen oder ein bestimmtes Hobby oder eine Sportart weiterführen. Er hatte lange den Wunsch, aus mir eine klassisch musizierende, schlanke Sportskanone zu machen. Aber nachdem es zuerst mit der Musik nicht klappte, hörte ich nach Jahren auch mit dem Tennis auf. Besonders das Abnehmen war immer wieder ein Thema zwischen uns. Ich fand es verletzend und irgendwie unverschämt, dass er immer wieder und auf diese direkte Art darauf zu sprechen kam. Da er ein sehr ästhetisches Empfinden hat, konnte er sich die Bemerkungen wohl nicht verkneifen. Ich war der Meinung, dass das meine Sache wäre und für ihn gar nicht so wichtig sein sollte.

Wenn ich alles überdenke, dann sehe ich natürlich, dass er nicht der ideale Sandkistenpapi war und auch nicht die superpädagogischste Erziehungsweise hatte, aber für mich ist er der beste Vater.

178 JULIA ZENK-PAULUSCH

Ich hatte immer das Gefühl, mich bei ihm ein bisschen ins Zeug legen zu müssen. Ich wusste, dass er bestimmte Erwartungen und Ansprüche an mich hat. Bei meiner Mutter war das anders: Bei ihr wusste ich ganz genau, dass sie mich liebt, egal was ich tue. Ich hätte überall versagen können; sie hätte mich immer noch supertoll gefunden. Meine Mutter war sehr harmoniebedürftig. Das ist mein Vater in letzter Konsequenz auch, aber so ein bisschen Kampf und Konfrontation zwischendurch kann ja auch ganz amüsant sein.

Wir haben auch über politische Themen gestritten, und häufig habe ich dabei den Mund zu voll genommen. Da konnte er mir dann schnell nachweisen, dass mein Allgemeinwissen nicht so fundiert war. Und zurecht mokierte er sich dann darüber. Ich hatte häufig das Gefühl, dass ich ihm verbal unterlegen war und er mich an die Wand reden konnte. Aber es gab durchaus auch Momente, in denen ich mich überlegen fühlte. Die Tatsache, dass er sich doch sehr ärgerte, wenn ich gegen ihn anredete, hat mir gezeigt, dass er mich ernst nimmt. Heute denke ich, dass die Auseinandersetzungen uns einander näher gebracht haben. Je älter ich wurde, desto intensiver wurde das Verhältnis zwischen uns. Die Konflikte sind immer weniger geworden, und inzwischen ist er auch nicht mehr so streitlustig und viel einfühlsamer.

Als ich einen festen Freund hatte, zeigte er nicht das typische Verhalten von Vätern, die ihre Töchter am liebsten einsperren würden, damit kein anderer Mann sie ihnen wegnimmt. Im Gegenteil: Er freute sich für mich. Das fand ich erstaunlich, und ich war fast ein bisschen enttäuscht, dass er nicht eifersüchtig war.

Ich bin überzeugt, dass Jürgen mein Männerbild geprägt hat. Er ist immer zur Stelle, wenn Not am Mann ist, er ist zuverlässig und kümmert sich wirklich um alles. Nicht nur bei uns Kindern, auch bei anderen Menschen, und das ist eine Eigenschaft, die ich sehr schätze. Er ist sehr kraftvoll und hat alles im Griff, er ist großzügig und liebevoll, aber eben auch sehr dominant. Darunter hatte ich zwar einerseits zu leiden, zum

JULIA ZENK-PAULUSCH

Beispiel in unseren Diskussionen, andererseits habe ich ihn dafür bewundert. Es imponiert mir auch, dass er Witz und Humor hat und gebildet ist. Was ich außerdem sehr an ihm schätze, ist sein ästhetisches Empfinden. Auch in dieser Hinsicht hat er mein Männerbild geprägt. Er hat einen guten Geschmack, tolle Einrichtungsideen, er stellt sich Blumen hin, geht auf dem Markt einkaufen und kocht gern.

Ich glaube, dass wir uns doch recht ähnlich sind. Was uns aber unterscheidet, ist, dass ich sehr offen über Gefühle reden kann, während mein Vater da etwas zurückhaltender ist. Und er neigt manchmal dazu, einen kleinen Schwank, den man ihm anvertraut hat, an unpassender Stelle wieder loszuwerden. Das ist dann eher im witzigen Sinne peinlich, und man ärgert sich ein bisschen darüber. Aber wenn ich ihm etwas emotional wirklich Wichtiges erzähle, bin ich mir sicher, dass er das nicht weitererzählt. Was mich manchmal irritiert, ist, dass er nicht so ganz bei der Sache ist, wenn ihn das, was man ihm erzählt, gerade nicht so interessiert, auch wenn es für einen selber in dem Moment vielleicht gerade sehr wichtig ist.

Ich liebe meinen Vater sehr, und ich glaube, wir würden uns auch mögen, wenn wir nicht Vater und Tochter wären. Es gibt viele Dinge, die uns verbinden, schöne und schlimme Sachen, die wir zusammen erlebt haben. Eine Gemeinsamkeit ist zum Beispiel unser Interesse für die Fotografie. Als ich anfing zu fotografieren, war mir gar nicht klar, dass er in seiner Jugend auch ganz viel fotografiert hatte. Ich zeige ihm gerne meine Bilder. Er sagt fast immer Kritisches über sie, nur ganz selten findet er sie richtig gut. Aber das ist für mich okay. Früher habe ich manchmal gedacht, dass er ruhig häufiger mal etwas Nettes sagen könnte. Aber wenn er lobt, weiß ich auch, dass es ernst gemeint ist.

Ein Ereignis, das uns noch einmal besonders verbunden hat, war der Tod meiner Mutter. Er nahm ganz intensiv Anteil und zeigte sich sehr gefühlvoll. Wir waren uns sehr nah, und ich konnte spüren, wie er zu uns

Was ich sehr an ihm schätze, ist sein ästhetisches Empfinden. Auch in dieser Hinsicht hat er mein Männerbild geprägt. Er hat einen guten Geschmack, tolle Einrichtungsideen, er stellt sich Blumen hin, geht auf dem Markt einkaufen und kocht gern.

180 JULIA ZENK-PAULUSCH

steht und mit uns fühlt. Heute bin ich mir sicher, dass mein Vater mich bedingungslos liebt. Ich kann mir nicht vorstellen, mich aufgrund von irgendwelchen Auseinandersetzungen von ihm zu distanzieren. Mit zunehmendem Alter immer weniger. Wir haben schon immer viel zusammen gelacht und gestritten, und heute denke ich, dass die Auseinandersetzungen uns einander näher gebracht haben. Je älter ich wurde, desto intensiver wurde das Verhältnis zwischen uns. Die Konflikte sind immer weniger geworden, und inzwischen ist er auch nicht mehr so streitlustig und viel einfühlsamer. Das Einzige, was ich manchmal schade finde, ist, dass wir so wenig Zeit richtig entspannt zusammen verbringen können. Ich hätte zum Beispiel Lust, mal ein paar Tage mit ihm in Urlaub zu fahren. Ich besuche ihn natürlich ab und zu in Berlin, wo er arbeitet. Da sind wir dann auch alleine, aber tagsüber muss er eben arbeiten.

Rückblickend glaube ich, dass sich unsere Beziehung wohl nicht so entwickelt hätte, wenn mein Vater nicht weggegangen wäre. Und wahrscheinlich hätten wir uns dann auch nicht so gut kennen gelernt, und ich selbst wäre sicher auch anders. Heute fühle ich mich in der Beziehung zu ihm ganz sicher; früher war das nicht so. Unser Umgang ist viel entspannter. Wir können beide auch mal über uns selbst lachen und eine Schwäche zugeben. Ich empfinde es als Privileg, dass wir Vater und Tochter und gleichzeitig Freunde sind. Ich weiß, dass ich immer zu ihm gehen kann, wenn irgendwie gar nichts mehr klappt. Dann gehe ich zu Papi, und dann wird sich's lösen.

JÜRGEN ZENK

Als Julia geboren wurde, habe ich mich riesig gefreut. Besonders, weil meine Mutter gerade gestorben war, und wir vorher schon eine Fehlgeburt hatten. Es hat lange gedauert, bis wir ein Kind bekamen. Ich hatte mit meinem Bruder, der zwei Töchter hat, vorher die berühmte Wette abgeschlossen: Wenn es ein Sohn wird, bekomme ich das Familiensilber, wenn es eine Tochter wird, bekommt es mein Bruder. Auf Julias Hochzeit habe ich deshalb gesagt, ich hätte für sie alles Silber der Welt weggegeben.

Als meine Kinder ganz klein waren, konnte ich wenig mit ihnen anfangen, und ich habe nie das getan, was moderne Eltern heute so machen, zum Beispiel Kinder wickeln. Stattdessen habe ich den viel beschäftigten Vater gespielt, war viel unterwegs und freute mich, wenn die Kinder schon im Bett waren, wenn ich nach Hause kam. Im Nachhinein ist das vielleicht traurig, aber so war es. Was an Julia schon als Kind auffiel, war, dass sie einen gewissen Zug zur Gemütlichkeit hatte, aber auch einen Zug zur Rechthaberei. Vieles, was ich mir für sie wünschte, wollte sie nicht. Zum Beispiel wünschte ich mir, dass sie Tennis spielen lernt, weil ich begeisterter Tennisspieler bin. Doch das hat sie bald wieder aufgegeben. Ich wünschte mir auch, dass meine Kinder kreativ sind und hätte es gerne gesehen, dass Julia ein Instrument spielt. Aber die Klavierstunden haben nicht gefruchtet. Und meine Liebe zu romanischen Kirchen hat sie auch nur bedingt geteilt.

Mein Verhältnis zu den Kindern veränderte sich durch die Gespräche vor der Trennung von meiner Frau. Meine jetzige Frau half mir dabei, denn ich selbst bin ein bisschen feige veranlagt. Sie gab mir zu verstehen, dass man seine Kinder konfliktfähig machen muss, dass man mit ihnen über Probleme reden muss und nicht immer so tun darf, als sei alles heile Welt. Ich werde nie vergessen, wie ich mit Christian und Julia an die Ostsee gefahren bin, um ihnen zu erzählen, dass ich von zu Hause ausziehe. Zuerst sind wir Tretboot gefahren, dann

Julia ist zurückhaltend darin, ihre Gefühle offen zu zeigen. Man merkt es an kleinen Gesten, und ich kenne sie so gut, dass ich die kleinen Gesten lesen kann. Wir können gut zusammen reden, diskutieren, streiten, lachen, Rotwein trinken, kochen, arbeiten und fotografieren.

haben wir in den Kalkhöhlen in Bad Segeberg den Schneewittchen-Sarg besichtigt. Danach sind wir weiter umhergefahren, es wurde Abend, und schließlich kamen wir zum Griechen in Uhlenhorst. Ich bestellte etwas zu essen, und endlich habe ich es ihnen gesagt. Danach saßen wir alle drei heulend da und ließen das Essen zurückgehen. Ich sagte zu ihnen: Hier in der Karlstraße habe ich eine Wohnung, dahin ziehe ich jetzt, und da habe ich für euch auch ein Zimmer. Wollt ihr es mal sehen? Julia sagte: Nein, ich will das alles gar nicht sehen. Und Christian unter Tränen: Na ja, hingucken können wir ja mal. Durch das offene Besprechen sind wir uns näher gekommen, als wir es je zuvor waren.

Zur richtigen Vatertochter hat Julia sich wohl erst nach der Trennung entwickelt, als ich mich aus schlechtem Gewissen, und weil die Kinder inzwischen erwachsener geworden waren, mehr um sie gekümmert habe. Selbst wenn ich sie weniger sah, war die Zeit, die wir gemeinsam verbrachten, wesentlich intensiver, weil ich mich dann ganz auf sie einstellte. Zu meiner neuen Frau Heike hatte Julia zunächst ein sehr schwieriges Verhältnis. Sie war brennend eifersüchtig und betrachtete Heike sehr argwöhnisch. Es dauerte lange, bis sie damit fertig wurde, dass ich mit einer anderen Frau zusammen lebe. Durch Heikes Töchter wurde es leichter. Dadurch, dass sich unter den Kindern so eine hervorragende Beziehung entwickelte, normalisierte sich auch Julias Beziehung zu Heike allmählich. Wir haben ja noch eine Julia von Heike, die fast genauso alt ist, und die auch an derselben Schule und an derselben Uni war. Die beiden sind eng befreundet; sie nennen sich die »Dreckschwestern«, weil sie beide unordentlich sind.

Mit elf, zwölf fing Julia an, sich für alle möglichen Themen zu interessieren und zu debattieren. Dabei sind wir häufig aneinander geraten, weil wir beide meinten, Recht zu haben und den anderen nicht aussprechen lie-

Ich bin sicher kein guter Erzieher, weil ich Wünschen, wenn sie nachhaltig genug vorgetragen werden, nachgebe.

ßen. Das führte manchmal zu erheblichen Konflikten. Aber da wir beide auch ein ausgesprochenes Harmoniebedürfnis haben, überdauerten sie selten eine Nacht, sondern endeten meistens mit einem Telefongespräch, in dem wir uns gegenseitig noch einmal erklärten, wie doof der andere war, aber dass wir uns eigentlich doch lieb haben.

Eine Zeit lang haben wir Julia etwas vernachlässigt, weil wir uns um die schulischen Probleme von Christian kümmern mussten. Dabei ist sie in der Schule, aus welchen Gründen auch immer, völlig untergegangen und sitzen geblieben. Noch heute bin ich verblüfft, dass mir das völlig entgangen ist. Aber Julia versteckt gerne Dinge, die nicht in ihr Weltbild passen und von denen sie meint, dass sie ihr und anderen Probleme bereiten könnten. Nach Gesprächen mit den Lehrern habe ich sie an eine andere Schule gebracht. Dort hatte sie statt der Fachlehrer Psychologen als Lehrer, und dann lief es wieder, zumal auch ihre »Dreckschwester« hier zur Schule ging. Sie machte reibungslos ihr Abitur und brachte ihr Studium nach einiger Zeit, begleitet von ständigen Ermahnungen, es könne nun auch mal das Examen folgen, zu Ende.

Ich bin sicher kein guter Erzieher, weil ich Wünschen, wenn sie nachhaltig genug vorgetragen werden, nachgebe. Erst sage ich: »Kommt überhaupt nicht in Frage!« »Ach Papi ...« »Nein, eigentlich nicht ...« »Ach Mann, das kannst du doch machen ...« »Na gut, aber nur diesmal!« – so war der regelmäßige Ablauf, und das hat sich bis heute nicht wesentlich geändert. Ich glaube nicht, dass ich damit einen gravierenden Erziehungsfehler begangen habe. Ich werde respektiert, aber eigentlich sehe ich mich eher als Freund meiner Kinder.

Julias Mutter war natürlich der zentrale Punkt in ihrem Leben. Zu ihr hatte sie eine völlig andere Beziehung als zu mir. Julias Mutter war eine unglaublich warmherzige Frau, die es den Kindern so leicht wie möglich

gemacht hat, die Trennung zu überstehen. Sie hat nie ein böses Wort über mich verloren und sich in hinreißender Weise um die Kinder gekümmert. Mit ihrem Tod fiel ein wichtiger Teil in Julias Leben plötzlich weg. Seit der Zeit komme ich am Wochenende häufig her und koche für alle, um ihnen ein klein wenig von dem zu geben, was vorher war, als sie von morgens bis abends umsorgt wurden. Julias Mutter war sehr krank, und Julia und Christian haben sich in geradezu beispielhafter Weise um sie gekümmert. Es zeichnet Julia besonders aus, dass sie ein phantastisches Sozialverhalten hat.

Beim Freund der Tochter gibt es ja das Klischee, dass die Väter auf die Freunde eifersüchtig sind. Bei mir war das nicht so. Der erste Freund war angeblich sehr nett, den habe ich nur einmal gesehen. Und der zweite war ja schon der, den sie heute als Ehemann hat, und den ich von vornherein akzeptiert habe. Mein Schwiegersohn könnte vom Verhältnis her auch mein Sohn sein. Ich habe nicht eine Tochter verloren – wie man so sagt –, sondern einen Sohn dazu gewonnen.

Mir ist bewusst, dass ich der erste Mann im Leben meiner Tochter bin. Wir haben eine enge Beziehung und lieben uns sehr und sind trotzdem beide relativ distanziert. Wir drücken unsere Zuneigung nicht spontan und ständig aus, aber in entscheidenden Augenblicken wissen wir, dass es so ist. Julia ist zurückhaltend darin, ihre Gefühle offen zu zeigen. Man merkt es an kleinen Gesten, und ich kenne sie so gut, dass ich die kleinen Gesten lesen kann. Wir können gut zusammen reden, diskutieren, streiten, lachen, Rotwein trinken, kochen, arbeiten und fotografieren. Ich habe mich sehr gefreut, als Julia irgendwann anfing zu fotografieren. Sie hat vom ersten Tag an fast nur Schwarzweißbilder gemacht. So habe ich auch mal angefangen, als es noch gar keine Farbbilder gab. Für mich war es faszinierend, weil mir diese Abstraktion gar nicht mehr vertraut war. Ich habe dann auf

Eine schöne Geschichte gibt es von ihr zu dem Namen »Julia«, als sie einmal Heiligabend, da war sie fünf, aus der Kirche kam und sagte: Papi, wir sind etwas zu spät in die Kirche gekommen und da haben alle gesungen »Hallo Julia«. Das sind so Dinge, die vergisst man nicht

einer Reise auch mal Schwarzweißfilme eingelegt und wollte es ihr nachmachen. Aber ich bin mit meiner Schwarzweißfotografie kläglich gescheitert. Zwischen uns ist eigentlich keine Konkurrenz. Ich fotografiere romanische Kirchen, und sie fotografiert Menschen. Schwierig war es nur ein paarmal, als wir beide auf Hochzeiten fotografiert haben. Das ging sogar so weit, dass wir uns wie Pressefotografen vom besseren Platz wegschubsten. Aber ansonsten bewundere ich ihre Fotografierkunst, bei der ich beim besten Willen nicht mithalten kann.

Julia ist offen, fröhlich, diskutierfreudig, aggressiv, und trotzdem ist sie im Umgang mit anderen, oder wenn sie sich für irgend etwas einsetzen soll, immer noch ein Hasenfuß. Ich versuche ihr klar zu machen, dass sie mehr aus sich herausgehen und auf andere zugehen muss. Aber vor diesem Schritt hat sie immer noch ein bisschen Furcht. Ich habe Verständnis dafür, denn, obwohl ich nach außen durchsetzungsfähig wirke, habe ich eigentlich bis heute Angst vor Auftritten vor anderen und muss mich wie ein Schauspieler dazu überwinden. Das ist wohl eine Eigenschaft, die Julia von mir geerbt hat. Ansonsten habe ich das gute Gefühl, dass sie versucht, aus ihrem Leben das zu machen, was sie sich vorstellt. Die Fotografie auszubauen ist ja schwierig genug. Sie jobbt nebenher, ist glücklich verheiratet und möchte ein Kind haben. Ich wünsche ihr, dass sie gesund bleibt, dass sie sich ihre Wünsche erfüllen kann und sie in ihrem Beruf bleibt; schließlich ist es einer der schönsten, die man sich vorstellen kann. Wir sind beide inzwischen etwas gemäßigter im Umgang miteinander. Ich wünsche mir, dass meine Beziehung zu ihr so bleibt, wie sie heute ist, denn sie könnte gar nicht besser sein.

JÜRGEN ZENK

SILKE ADOLF   geboren 1970, absolvierte eine Damenschneiderlehre an der Deutschen Staatsoper Berlin und arbeitete danach als Damenmaßschneiderin am Maxim Gorki Theater in Berlin. An der Anna-Siemsen-Schule in Hamburg ließ sie sich zur Gewandmeisterin ausbilden, und seit 2000 ist sie Gewandmeisterin am Maxim Gorki Theater Berlin.

HOLGER ADOLF   geboren 1945, studierte Kultur- und Theaterwissenschaft in Berlin und arbeitete anschließend beim Magistrat von Berlin in den Abteilungen Kultur und Kunst. Er war stellvertretender Intendant, Verwaltungsdirektor und Chefdramaturg an der Volksbühne Berlin und arbeitete als Projektmanager im theater im palais in Berlin. Heute ist er als Projektberater tätig.

PAULINE VON BOCK UND POLACH   geboren 1980, beendete die Schule in Hamburg und studiert heute am Kent Institute of Art and Design in England.

ULRICH VON BOCK UND POLACH   geboren 1944, studierte Architektur, Malerei und Bildhauerei in Kiel. Seit 1972 ist er als Architekt tätig. Parallel arbeitete er als Volkshochschuldozent für Malerei und als Lehrbeauftragter im Bereich Architektur an der Hochschule für Angewandte Wissenschaft in Hamburg. Er hat ein eigenes Atelier für Malerei, und seine Bilder werden in diversen Einzel- und Gruppenausstellungen im In- und Ausland präsentiert.

SUZANNE VON BORSODY   geboren 1957, wollte zunächst Malerin werden und begann ein Kunststudium. Durch Zufall kam sie zum Film und gab 1978 ihr Fernsehdebüt mit dem Film *Adoptionen*. 1980 erhielt sie die *Goldene Kamera* und 1982 den *Adolf-Grimme-Preis*. Sie trat an zahlreichen deutschen Bühnen auf: in Frankfurt, Bremen, Düsseldorf, am Zürcher Schauspielhaus, am Berliner Schillertheater. Seit 1993 steht sie fast ununterbrochen vor der Kamera, erhielt 1999 den *Deutschen* und den *Bayerischen Fernsehpreis* und 2002 die *Goldene Kamera* für ihre Rolle der Gesine in dem mehrteiligen Film *Jahrestage*.

ROSEMARIE FENDEL   geboren 1927, nahm nach dem Abitur privaten Schauspielunterricht bei Maria Koppenhöfer. Entscheidend geprägt wurde sie von dem Intendanten Hans Schweikart an den Münchner Kammerspielen. Sie war Gastdozentin an der Hochschule für Musik und Darstellende Kunst in Frankfurt, führte Theaterregie und inszenierte fürs Fernsehen. Sie hat Drehbücher, Hörspiele und Märchen geschrieben und wurde unter anderem mit dem *Adolf-Grimme-Preis*, der *Goldenen Kamera*, dem *Bundesfilmpreis* in Gold, dem *Bundesverdienstkreuz* und dem *Harlekin* der Stadt Frankfurt ausgezeichnet.

LENA FLIESSBACH   geboren 1982, reiste nach dem Abitur drei Monate durch Mexiko und studiert seit 2002 Lateinamerikanistik und Kunstgeschichte in Berlin.

MARLIES FLIESSBACH   geboren 1947, war nach einem Kunststudium in Hamburg als Designerin in verschiedenen Ateliers und Verlagen tätig. Neben Lehraufträgen an der Fachhochschule Hamburg arbeitete sie in ihrer Textilwerkstatt und war als Volkshochschuldozentin tätig. Sie malt im eigenen Atelier in Hamburg und in den Marken, Italien, und hatte bereits diverse Ausstellungen.

FRANZISKA FRINTROP-VOGT   geboren 1949, absolvierte ein Studium zur Diplom-Agraringenieurin. 1981 heiratete sie Ludwig Vogt, mit dem sie drei Kinder hat: Franziska, Constantin und Rupert.

MARIA FRINTROP   geboren 1924, machte eine Ausbildung zur landwirtschaftlichen Gehilfin. 1947 heiratete sie Hans-Josef Frintrop, den Gutspächter von Dalheim. Mit ihm hat sie zwei Töchter, Maria und Franziska.

DOROTHEA ANNA HAGENA   geboren 1966, jobbte als Blumenverkäuferin, Kellnerin und Raumgestalterin, absolvierte eine Musicalausbildung und danach eine Schauspielausbildung in Hamburg. Neben Auftritten an zahlreichen Bühnen, spielte sie in mehreren Fernsehfilmen mit, machte eigene Produktionen, arbeitete als Sprecherin bei Synchronisationen, Hörspielen, Dokumentationen, Rundfunk- und Fernsehbeiträgen.

WIEBKE HAGENA   geboren 1938, studierte an der Pädagogischen Hochschule Hannover. Sie arbeitete als Volksschullehrerin in Worpswede und danach als Sonderpädagogin am Wichernstift in Ganderkesee. Sie hat zwei Kinder, Franz und Dorothea, und das Enkelkind Giuliano. Seit 1998 ist sie im Ruhestand und lebt auf dem Gelände des Wichernstiftes.

ANJA KLING   geboren 1970, übernahm 1989 die Hauptrolle in einem DEFA-Film und unmittelbar darauf die Moderation des Mädchenmagazins *Paula* beim Fernsehen der DDR. 1994 feierte sie ihren endgültigen Durchbruch mit der ZDF-Serie *Hagedorns Tochter*. 1995 erhielt sie die *Goldene Kamera* als beste Nachwuchsschauspielerin, und 1998 nahm sie in Monte Carlo die *Goldene Nymphe* und den *Kritikerpreis der Journalisten* entgegen. Sie lebt mit der gesamten Familie in Wilhelmshorst, zwischen Berlin und Potsdam.

ULRICH KLING   geboren 1941, studierte Filmproduktion an der Filmhochschule in Potsdam Babelsberg. Ab 1965 war er Produktionsleiter, ab 1969 Herstellungsleiter im DEFA-Studio für Dokumentarfilme in Babelsberg. Bis 1988 arbeitete er an zahlreichen Dokumentar-, Kinder- und Kurzfilmen mit. Danach war er fünf Jahre lang Geschäftsführer der DEFA-Video und Gastdozent an der

Filmhochschule in Babelsberg. 1993 wechselte er zum Studio Babelsberg. Er ist Mitglied der Geschäftsleitung und Leiter des Studiobetriebs der Studio Babelsberg GmbH. Seit 1964 ist er mit Margarita Kling verheiratet, hat zwei Töchter, Gerit und Anja, und zwei Enkelsöhne und lebt mit der gesamten Familie in Wilhelmshorst, zwischen Berlin und Potsdam.

HEIDEMARIE MEIDLEIN geboren 1946, absolvierte eine internationale Ausbildung im Friseurhandwerk mit Meisterabschluss. 1972 machte sie sich selbstständig und entwickelte ein universelles Haarschneide-System. 1982 wurde ihr Sohn geboren. Ab 1983 studierte sie Sozialmanagement. 1995 gründete sie die Firma „Einschnitt". Nach 25-jähriger Ausbildertätigkeit erhielt sie eine Grammy-Urkunde für vorbildliche Ausbildung. Sie ist Reikimeisterin, und seit 2001 macht sie Energie- und Heilarbeit.

THEKLA KRÖKEL geboren 1927, wurde während des Krieges als Telefonistin verpflichtet. 1946 kam ihre Tochter Heidemarie zur Welt. 1948 ging sie nach Hamburg und arbeitete als Schaffnerin bei der Hamburger Hochbahn (Straßenbahn). 1952 heiratete sie und holte 1955 ihre Tochter Heidemarie zu sich nach Hamburg. Sie arbeitete als Verwaltungsangestellte, bis sie 1987 in Rente ging.

MIRJAM MÜNTEFERING geboren 1969, studierte Theater-, Film- und Fernsehwissenschaften. Einige Jahre war sie freiberuflich fürs Fernsehen tätig. Sie ist Autorin mehrerer mädchen- und frauenorientierter Romane und Kurzgeschichten für Kinder, Jugendliche und Erwachsene und veröffentlichte bereits in zahlreichen Zeitschriften, Zeitungen und Anthologien. Neben ihrer Autorentätigkeit ist sie als Hundetrainerin in der eigenen Hundeschule „HUNDherum fit!" tätig.

FRANZ MÜNTEFERING geboren 1940, machte eine Lehre als Industriekaufmann und war ab 1957 in einem mittelständischen Betrieb tätig. Seit 1966 ist er Mitglied der SPD. Er war unter anderem Minister für Arbeit, Gesundheit und Soziales des Landes Nordrhein-Westfalen, Bundesgeschäftsführer der SPD, Landesvorsitzender der NRW-SPD, Bundesminister für Raumordnung, Bauwesen, Städtebau und Verkehr, Generalsekretär der SPD und ist seit Oktober 2002 Vorsitzender der SPD-Bundestagsfraktion. Er hat zwei Töchter.

NINA PROLL geboren 1974, machte eine Gesangsausbildung bei Therese Heer in Wien sowie eine Ausbildung in Tanz, Gesang und Schauspiel unter anderem am Performing Arts Studio in Wien. Ab Mitte der 1990er Jahre trat sie an zahlreichen Musicalbühnen auf, außerdem hat sie in zahlreichen Fernseh- und Kinofilmen mitgespielt, unter anderem auch unter Costa-Gavras, war Jurorin bei den internationalen Filmfestspielen Venedig (Kategorie Kurzfilm) und erhielt 1999 den *Marcello-Mastroianni-Preis* als beste Nachwuchsschauspielerin.

DAGMAR GROSS geboren 1945, kam nach der Matura nach Wien, machte dort ihren Abschluss an der Handelsakademie und trat dann in das elterliche Unternehmen ein. 1970 heiratete sie Johannes Proll, mit dem sie zwei Kinder hat, Markus-Claudius und Nina Patricia. Mit ihrem zweiten Mann, Alwin Gross, den sie 1983 heiratete, hat sie eine Tochter, Nadine-Amelie. Die Ehe wurde 1993 geschieden. Seit 1985 ist sie Geschäftsführerin, und 1995 übernahm sie das Familienunternehmen. Sie ist begeisterte Hobby-Innenarchitektin.

EDDA RASPÉ geboren 1947, machte – wie zuvor ihr Vater und Großvater – eine Goldschmiedelehre. Danach studierte sie an der Akademie der Werkkunst in Berlin. Sie hat zwei erwachsene Söhne, ist aktives Mitglied bei den Grünen und hat ihre Goldschmiedewerkstatt in Keitum auf Sylt.

JÜRGEN UMLAND geboren 1916, absolvierte eine Goldschmiedelehre. Nach Arbeitsdienst und Militärzeit – zuletzt war er Kapitän und Leutnant der Reserve – machte er 1949 seine Meisterprüfung als Goldschmied und übernahm das väterliche Geschäft. Er hat zwei Töchter und ist seit 1970 Festgebender Bruder der Kaufleute & Schiffbrüderschaft. Seit 1976 ist er in Rente.

MONICA THEODORESCU geboren 1963, nahm schon als Jugendliche als Dressurreiterin erfolgreich an Turnieren teil. Die gelernte Übersetzerin erzielte bei Welt- und Europameisterschaften viele Gruppen- und Einzelsiege und holte 1988 in Seoul Olympisches Gold für Deutschland. Mit ihrem Vater George Theodorescu, der ihr Ausbilder war, betreibt sie heute den gemeinsamen Dressurausbildungsstall.

GEORGE THEODORESCU geboren 1925; der gebürtige Rumäne kam im Alter von 31 Jahren als politischer Flüchtling nach Deutschland. Er war als Rechtsanwalt tätig und ist noch immer Ausbilder für Pferde und Reiter und selbst Dressurreiter. Auf dem ehemaligen Gestüt Lindenhof gründete er einen Dressurausbildungsstall, den er bis heute mit seiner Tochter betreibt.

JULIA ZENK-PALUSCH geboren 1972, studierte nach dem Abitur Angewandte Kulturwissenschaften in Lüneburg und machte den Magisterabschluss. Seit 2000, zunächst parallel zum Studium, Fotoassistenz in einem Hamburger Fotoatelier.

JÜRGEN ZENK geboren 1938, machte nach dem Abitur eine Lehre bei der Deutschen Bank und studierte Rechtswissenschaften in München und Hamburg. 1965 heiratete er – die Ehe wurde später geschieden – und 1972 und 1975 wurden seine Kinder Julia und Christian geboren. Seit 1973 ist er als selbstständiger Rechtsanwalt tätig.

VITAE 191

Herzlich danke ich meinen Lektorinnen Nicola Stuart und Sarah Pasquay für die
gute Zusammenarbeit, Julia Zenk für ihre Unterstützung und Geduld.
Ganz besonders möchte ich mich bei den beteiligten Töchtern, Müttern und
Vätern für die offenen Gespräche und die nicht immer selbstverständliche
Bereitschaft, sich der Kamera zu stellen, danken.

Die Deutsche Bibliothek – CIP-Einheitsaufnahme
Ein Titeldatensatz für diese Publikation ist bei
Der Deutschen Bibliothek erhältlich.

Copyright © 2004 Gerstenberg Verlag, Hildesheim
Alle Rechte vorbehalten
Einbandgestaltung, Layout und Satz: Magdalene Krumbeck, Wuppertal
Satz aus der Minion
Lithos: Peter Karau GmbH, Bochum
Druck: Stalling, Oldenburg
Printed in Germany

www.gerstenberg-verlag.de

ISBN 3-8067-2928-X